大夏书系·教育新思考

李志欣／著

教育微创新

发现细节的力量

本书系北京市教育科学『十三五』规划2018年度单位资助校本研究专项课题『「全学习」课程改革与育人模式创新实践研究』（课题编号CBDB18117）研究成果

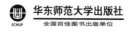

华东师范大学出版社

图书在版编目（CIP）数据

教育微创新：发现细节的力量／李志欣著 . —上海：华东师范大学出版社，2020
ISBN 978-7-5760-0768-8

Ⅰ.①教 . . .　Ⅱ.①李 . . .　Ⅲ.①中小学教育—教育研究　Ⅳ.①G632.0

中国版本图书馆 CIP 数据核字（2020）第 152717 号

大夏书系·教育新思考

教育微创新：发现细节的力量

著　　者	李志欣
责任编辑	卢风保
责任校对	殷艳红　杨坤
封面设计	奇文云海·设计顾问

出版发行 华东师范大学出版社
社　　址 上海市中山北路 3663 号　邮编　200062
网　　址 www.ecnupress.com.cn
电　　话 021-60821666　行政传真　021-62572105
客服电话 021-62865537
邮购电话 021-62869887　地址 上海市中山北路 3663 号华东师范大学校内先锋路口
网　　店 http://hdsdcbs.tmall.com

印 刷 者 北京密兴印刷有限公司
开　　本 700×1000　16 开
插　　页 1
印　　张 15
字　　数 223 千字
版　　次 2020 年 10 月第一版
印　　次 2020 年 10 月第一次
印　　数 6 100
书　　号 ISBN 978-7-5760-0768-8
定　　价 49.80 元

出 版 人 王 焰

（如发现本版图书有印订质量问题，请寄回本社市场部调换或电话 021-62865537 联系）

目 录

Contents

第二辑　激活教师的成长自觉 ▨▨▨▨▨▨▨▨▨▨

第三辑　发掘课堂与课程的价值 ▨▨▨▨▨▨▨▨▨▨

序一

「细节的力量」不可低估

欣闻北京市育英学校密云分校校长李志欣先生的新著《教育微创新：发现细节的力量》即将出版，由衷地为李校长感到高兴的同时，也发自内心地敬佩这位特别能吃苦，特别能奉献的优秀校长。

李校长是我同窗六载（初中、高中各三年）的中学同学，仍然记得他"讷于言而敏于行"的样子。大学毕业后，我留在高校从事儒学研究，志欣则去了中学追逐自己的梦想。正如他在书稿自序中所言：自1992年大学毕业参加工作以来，一直在不同地区不同时期的薄弱学校战斗在教育教学第一线。

古人云：天道酬勤。有思想能吃苦的志欣怎么可能被教学环境差阻挡住前进的步伐呢！每天"如蜜蜂般勤奋地游弋在教育教学的真实场景里"的志欣，最终收获了辛勤耕耘后的一份份沉甸甸的硕果：

他先后获得山东省英语特级教师、山东省优秀教育工作者、山东省十大教育新闻人物、山东省十大创新校长等荣誉称号；在省级以上学术期刊及报纸发表教育教学论文、随笔两百余篇；出版专著四部。2014年，"'零'作业教学改革实践探索"获得首届国家级教学成果奖二等奖。2019年"'全学习'课程改革与育人模式创新实践研究"获得北京市课程建设优秀成果一等奖。

一本本专著、一篇篇文章、一个个教学创新课题、一次次获奖使志欣由一个乡镇学校的普通英语老师一步步成长为特级教师和知名校长，进而在2016年被聘为北京市育英学校密云分校校长。

在我眼里，志欣校长不仅是一位勇于创新，并把自己的创新思想践行于教学生活的教育家，还是一位怀揣"让薄弱学校由弱变强"的使命担当，"学而不厌，诲人不倦"的儒者。

儒者推崇的最高最完满的人格理想是内圣外王，即首先通过自己好好学习、刻苦修为，使个体价值上达天德，体认到生命的终极意义，成为道德高尚、知识渊博、技能过硬的人——"内圣"，然后基于自己的知识和技能通过社会实践这个渠道造福全人类，建立"博施广济"的事功，为自己周边的人带来巨大的福祉，即"外王"。

志欣校长的"内圣外王"之道很好地体现在《教育微创新：发现细节的力量》一书中：

他每天采摘校园里每一个生命的心情、品质乃至作品，直面当下"薄弱学校"普遍存在的诸多问题，如学校缺乏本有文化、学校管理欠缺人性关怀、教师缺乏"自我成长"的动力、课程与教学远离人全面发展的价值、学生缺乏自主自觉的学习等等，然后分析产生这些问题的原因，并找到了解决问题的办法，即"微创新"。

也就是说，当常规做到极致、细节成为习惯、习惯成为经典时，我们就找准了撬动整个学校发展的支点，进而由内向外，成就每一个人（既包括学生，也包括教师），实现志欣"己欲立而立人，己欲达而达人"的人生梦想。正如书中所言："好学校的价值，正如池塘，要为学生创造一个可以自由呼吸、自在生长的文化生态环境，赋予学生赖以生存的阳光、空气和水。一方蓄满了爱与美、尊重与自由之水的池塘，会把生命带向无限的辽阔与高远……"

"微创新"虽然看起来小，但小中有大，小中见大，它不仅可以丰富教育科学的宝库，而且还能引发对教育大问题的突破性思考，其意义不可低估。古人云"堤溃蚁孔，气泄针芒""一屋不扫，何以扫天下""勿以恶小而为之，勿以善小而不为"，等等。习近平总书记也一再强调："小事小节是一面镜子，小事小节中有党性、有原则、有人格。"这些都说明了"细节的力量"不可低估。

我们的教师、学生只有把学习中、工作中、生活中的每一个细节做到极致，日积月累，才会让我们的薄弱教育由量变转化为质变，由薄弱变为优秀，由优秀变得卓越！

《教育微创新：发现细节的力量》将"微创新"作为治理薄弱学校的切入点，分"把成长空间还给学生、激活教师的成长自觉、发掘课堂与课程的价值、好学校是一方池塘、让管理走向人性的关怀"五辑，对"薄弱学校怎样才能激发其生命的活力，实现由弱变强，跟上时代发展的步伐"进行了全方位的阐释。

书中的45篇文章均按照"问题发现、问题分析、解决方案"的架构，反映了当下学校普遍存在的问题及其产生的原因，并提供了可资借鉴学习的成功做法，充分彰显了"微创新"的教育魅力。

书中有很多颇有创新的理论及实践经验总结，如"常规其实就是文化""全学科阅读""全学科育人""人人学习，时时学习，处处学习""谁有思想谁就是学校的领袖""迷恋他人的需求""寻找那些价值互联者，点燃彼此的理想之光""解放教师的职业兴趣""引领老教师走向'教育自我'的幸福之路""让课程自然地生长，让教师自觉地成长，让文化自由地绽放""'全学习'让课堂变得更智慧""基于课程标准拓展课程资源""从我做起，产生改变""把学习的权利交给学生""基于价值观引领的纪律管理""作为教师，是教人读书的，自己必须是一个读书人""帮助学生找到属于自己的道路""成就每一名学生的兴趣"等等。这些论断都是作者在深入教学第一线，每天和教师、同学探讨教学心得、学习兴趣及日常生活的点点滴滴后得出的真知灼见，说明了作者有着相当开阔的学术视野及儒者胸怀天下的问题意识，让人敬佩。

志欣校长通过三年多的时间，撰写的这部《教育微创新：发现细节的力量》，必将在基础教育学校创新教育领域产生重要的影响，同时也为薄弱学校由弱变强指明了前进的方向。在此,我谨向老同学表示衷心的祝贺,并致以真诚的敬意,也期待着李志欣校长在不久的将来有更多更好的教育创新专著出版发行。

王曰美

2020 年 4 月 29 日

(曲阜师范大学孔子文化研究院教授、博士生导师)

我是 1992 年参加工作的，毕业后就被分配到山东省一所全县最偏僻落后的农村学校——付窝中学；12 年后被调往一所已经连续十年全县倒数第一的偏僻落后的农村学校——北宋镇第三中学；3 年后被调到北宋镇第一中学工作，这所学校的教学质量也是连续几年落后。2014 年，我到了北京市育英学校，这所学校是京城名校。但 2016 年 7 月，我又被育英学校派往原密云区第七中学工作，这是一所城乡接合部薄弱学校，学校现名为北京市育英学校密云分校。

也就是说，我的工作生涯基本都是在不同地区不同时期的薄弱学校度过的，这些学校不是偏远的农村学校，就是城乡接合部学校。所以，我深知这类学校落后的普遍原因，比如：师资不稳定，师资力量相对薄弱；教师结构性缺编，职业倦怠严重；学校生源复杂，质量较差；家庭教育跟不上，学生习惯不好；学校办学条件较差；等等。

2012 年 9 月国务院颁发的《关于深入推进义务教育均衡发展的意见》中有如下阐述：深入推进义务教育均衡发展，着力提升农村学校和薄弱学校办学水平，全面提高义务教育质量，努力实现所有适龄儿童少年"上好学"。因此，关注薄弱学校发展，探索薄弱学校治理理论与策略，是深入推进义务教育均衡发展，实现学校现代化治理的一项亟待解决的重要课题。

为此，我基于自己的经历，以及薄弱学校的常见问题，不断思考：这样的学校到底怎么样才能激发其生命的活力，迅速实现由薄弱到优质发展，跟上时代发展的步伐呢？

我选择了"微创新"，把它作为了我治理薄弱学校的起点。首先，这需要有使命感，时刻去感知我可以给周围的人和世界带来什么不同；其次是身先士卒，从我做起，产生改变。我认为，有了使命感，就有了从我做起的意愿。剩下的就是努力提高自己的行动力和领导力，其标志是我每天发布在教师微信群里的"校园微生活"系列文章。

教育家陶行知说："生活即教育"。每天进入校园，作为教师，不仅仅是来教书的，还是来生活交往、享受人情关怀、追求心灵与生命的成长的；而学生呢，也不仅仅是来学习，追求所谓的考试分数的，他们也是来生活交往，来享受自己的美好年华的。所以，教育是为了师生不断地进步和发展，并为未来的他们奠定能力与素养的基础。

作为校长，最为关键的管理智慧是，重视与师生交往互动，尊重他们每一个与众不同的生命，善于运用同理心，以自己敏感的心灵，发现高尚的品质、真实的问题。

学校里的空间，无论是有形的还是无形的，都是学校中的人所创造的，为了人而存在，它们是我们所经历的一个个活的空间，它们接纳我们，又被我们所激活，在此过程中它们超越有限走向无限，从而获得属于它们的生命。

基于以上认识，我每天尝试采摘校园里每一个生命的心情、品质乃至产品，把发现的"新大陆"记录下来。这就是这本书的来历，书中的每一篇文章便是我采摘的花朵或果实。采摘的过程意味着直面教育现实中司空见惯的现象与问题，真实发现一个个教育细节并理性思考。书中针对很多教育细节的如实分析、改进方案，无不反映出对教育的规律和人性的尊重。

我愿意采摘每个人的心情。一天里，从早到晚，从室外到室内，我会遇到一位位老师。张老师，今天你穿的衣服这么优雅；王老师，你今天看起来很高兴啊；李老师，今天你又跑了几圈啊；赵老师，祝贺你获得了演讲大赛一等奖；刘老师，你站在讲台上那么神采飞扬；杨老师，你们教研组集体准备的展示活动太精彩了；杜老师，这次外出学习收获不小呀；周老师，你写的随笔真感人……遇到老师，我都有话与他们交流，我想获取他们的心情，通过交流，让老师们发现自己的美好心情，互相感染对方，这样，整个的校园里就弥漫着一片喜悦，传递着各样的感动。

我愿意采摘每个人的品质。"校长，你支持我组建一个我自己的社团吗？"这是学生个性化兴趣培育方面的主动邀请。"校长，我想向您反映个问题，有的老师上课讲得太多，我们自我思考体验的机会偏少。"这是学生参与课改后欲获得更多学习权利的诉求。"校长，今天我表现很好，再没受到老师批评，您给我签个字证明一下。"这是学生自主管理效果的自我评价。"校长，我们邀请您去参加我们班的情景剧展演，希望您讲几句鼓励我们的话。"这是学生在校园里社会化交往的萌芽展现。"校长，我们的课下作业太多了，您看是不是与老师说说少布置点？"这是学生对自我权益的维护。"校长，请尝尝我们自己做的饮料，您每天太辛苦了。"这是学生尊重老师的真情表达……

我愿意采摘每个人的作品。我喜欢在校园里转，为的是发现同学们的作品，比如他们自己做的手抄报、活动海报、班级黑板报等，以及他们的书画作品、手工制作、读书心得等；发现同学们的朗读展示风采、演讲辩论气场、运动场上矫健的身姿等；发现同学们的一个个令人惊奇的小创意，比如教室灯关旁标有注意关灯的卡通图案、同学们装遗忘物品的自制纸箱、展示校训"好好学习 好好学习"的解读文字等等。我还走进课堂，发现那些认真听讲、勇于质疑、乐于合作的同学，发现一些写得不错的学生笔记和作业本，发现课堂上那些打动人的学习场景……

我在每个教室里安排了一张课桌，课桌上放着一个写有"课堂学习走访"的红色桌牌，目的自然是想走进每一位教师的课堂，虚心地向每位教师学习。当我发现某个老师有价值的探索经验时，我会邀请他把自己的这些经验总结一下，然后我再做一下提升与点评，这样就形成了这位老师的教学成果，甚至是形成了自己的作品。我会帮他找机会，在合适的场合与同事分享，推荐给一些适合的报刊发表。引领老师走上研究的道路，才能让老师们解放自己的职业情感，真正爱上自己的工作，享受到教育的真正幸福。

这个世界是个无时无处不联系的世界，一个人的思与行往往会吸引一些志同道合者的回应。比如中国教育报刊社新媒体中心张以谨老师，建议我把"校园微生活"系列文章按照"问题发现、问题分析、解决方案"三部分进行梳理，以给同行启发借鉴。重庆新校长传媒公众号专门为我开了一个"微改革领导力"专栏。华东师范大学出版社编辑卢风保老师也发现了这些文章，约我按此方式坚持撰写，待条件成熟形成论著。

因为整理书稿，搜索"微创新"的概念与内涵，恰巧读到了著名教育家陶西平老师的一篇文章《教育改革为何需要微创新》。

陶西平老师认为：

教育理论的创新和教育科学的研究需要专家的引领，以发现教育事业前进的规律以及探求规律的应用。但这些都不能取代对学校和教师每天遇到的具体问题的回答。寻找解决这些具体问题的途径，也同样是实实在在的教育创新。当然，这可能不够宏观，也可能一时不成体系，所以，我们可以称之为"微创新"。

微创新虽然看起来小，但它不仅可以丰富教育科学的宝库，而且可能引发对教育大问题的突破性思考，所以，小中有大，小中见大，其意义绝不可低估。

学校里的管理人员和广大教师每天所面对的问题，都是微创新的切入点，所以，推进学校内部的微创新不仅是改进学校管理、提高教育质量的动力与途径，也是教师专业发展的有效之路。校长和教师都应当有自己的微创新课题，都应该通过微创新科研提高自身的专业水平。

那么，如何进行微创新呢？

微创新应当从问题出发。要全面分析自己从事的管理和教学工作，找到存在的难点、关注的热点，从而有针对性地确定研究课题，将科学研究与工作实践紧密结合起来。微创新应当有研究方案。要对研究课题进行认真调研，理清关键点，找准切入点，确定创新点，制订包括实验方法、实验进程的方案，使研究有序进行。微创新应当是学习的过程。要搜集与课题相关的资料，边学习，边研究，以学习指导研究，以研究加深理解，从而增强科学性，减少盲目性。微创新最重要的特点应当是高度重视实践。微创新多属于应用研究和行动研究，要在自己工作的领域内大胆进行实验，在实践中验证设想，在实践中完善方案，在实践中发现规律，并且重视积累实践过程中的数据与资料。微创新还应当进行成果评估。对各项微创新成果的评价，要以实效为检验的重要标准。

专家的鼓励与观点让我充满了信心，有了能够实际操作的依据与路径，我充满着无穷的力量，如蜜蜂般勤奋地游弋在教育教学的真实场景里，采摘着每一个变幻的风景，多彩的故事，甚至是一种微妙的感觉，一次不经意的相遇。

就这样，三年来，我始终保持着对现实问题的敏感性，增强对问题的预见性，保持理智唤醒内在的自觉性，立足本土，借助外力，识别、选择适合自己学校发展的途径，因势而谋，回到教师与学生成长的实际轨道上，直面每个人的成长需求，不是绕道而行，而是具备应有的担当，找准撬动整个学校发展的支点，让全体师生和员工的内心受到触动，从而齐心协力办好一所学校。

每一天，我都是实践与理论碰撞着，心灵与生活交织着，思想与教育同行着。比如，在育英学校密云分校，经过广泛调研与诊断，我选择了把"确定学校办学理念"作为支点，展开了一系列的教育微创新改革行动。伴随着"成就每一个人"办学理念的提出与落地，"全学习"课程改革与育人模式创新实践研究课题、学校第一个三年发展规划、"全学习"课程改革顶层设计、"全学习"生态校园文化建设、"全学习"课堂教学模式、"5+2"教师自成长模式、基于育人目标的学生自主成长课程建设等一系列创新举措相继推出。

写到这里，我的内心是宁静的，那一个个关注细节的、充满激情的微创新，无不充实着我的心底，丰盈着我的人生，践行着一个共同的教育主题：立德树人。

再往深层里探微，我找到了自己的领导力的原动力，明白自己擅长什么，不擅长什么，慢慢摸索出属于自己的领导力风格。关注着自己的内心，由内向外，朝向使命，努力地正视现实，从薄弱出发，向优质前行！

李志欣

2020 年 4 月 27 日

于育英密云分校

第一辑

把成长空间还给学生

坚持用了多年的老式奖状能改吗？把指挥权交给学生以后会发生什么？"宅家学习"如何让学生主动起来？惩罚何以自己说了算？中小学生纪律管理如何实现华丽转身？……

当我们将这一个个的问题串起来，拼成一幅完整的拼图，就会发现，教育真的是一堆细节。

这堆细节里的一个关键词是两个字：见人。

见人，就是把人当人，把孩子当孩子；见人，就是可以洞察和捕捉到学生幽微而丰富的心灵世界里每一个微妙的变化。

而今，信息技术的发展在推动教育升级迭代的同时，也让教育变得更加复杂。教育更需要情感的互动与心灵的交流，那是技术永远不能替代的部分。因为，孩子不仅仅是学生，孩子代表的是一个完整的精神世界。这一切，都需要被看见。

但教育现实中，"看见"却不是一件容易的事。苏霍姆林斯卡娅说："我们可以'看到'孩子，但是'看见'孩子却不那么容易，因为看见孩子包括看见孩子内心的东西。对老师来说，我们应该要看见不同的孩子，看见每一个孩子的不同点。"

当教育者的目光落到一个个被遮蔽的问题之上，然后从人的立场出发，再回到人的成长，一点点地"看见"每个人内心深处的需求之时，就像一张小小的奖状的创新，会成就一个孩子的成长，激励他坚持自己的志趣，满怀信心地去奋斗一样，我们也就把成长的空间真正地还给了学生……

坚持用了多年的老式奖状能改改吗

❯❯ 问题发现

学校倡导多元化评价观，希望能够发现每一个学生的闪光点，因此，学校会经常准备大量的奖状。我发现了一种现象：这些奖状的色彩、图案与排版的样式与我二十几年前上学时获得的奖状一个样。我向老师们提出一个问题：我们的教育改革搞得如火如荼，创新成果不断涌现，对学生的评价观念发生了很大改变，但是，为什么给学生发的奖状这么多年没有变化呢？

记得我上学时，总是把学校老师发的奖状张贴在屋子里最显眼的地方，有时一连好几年的奖状都留在那里。当有邻居或亲戚来家里做客时，父母便指着这些奖状述说着自己孩子的故事，那骄傲的神情以及客人的连声赞美激励我继续勤奋努力。即使现在的学生，物质生活相对充足，但是对学校老师所颁发的奖状仍然是十分的珍惜，家长也是十分小心地张贴在房子某个显眼的地方，或者是珍藏在某个地方。

❯❯ 问题分析

奖状的色彩与样式多年不变，多是因为大家比较认同或已习惯于过去的模板，认为这么重要的证件自己没有权利或资格去随意更改，只有固定不变的样子才能体现奖励的重要性和严肃性。可能还有这样一种思维方式：大家对于心目中的奖状已成定势，一看到就能知道这是学生奖状，大家不会在乎它的形式，更多关注的是奖励的内容。尽管评价的理念和方式有很大的转变与创新，却没有意识到学生不仅仅在乎奖状里面的内容，也有可能非常喜欢有个性、美观漂亮的奖状，因此往往忽视了对这小小的奖状进行创意设计，赋予它更多的意义。从这一点上也可以窥视当下的教育一个不好的习惯：多关注宏大的改革，却轻视微观的改进。

解决方案

于是我与教育服务中心主任协商，能不能改变一下这种老式奖状呢？我建议让学生来设计。第二天，我在学校教学楼大厅里，看到了新奖状设计的征集令。一周后，教育服务中心主任兴奋地拿给我四幅国画，画的是"竹、兰、梅、菊"，作者是初一五班的相思涵同学。

刚开始我没有看出什么端倪，教育服务中心主任告诉我，他从学生上交的奖状图案作品中，发现了这四幅画，感觉很有新意——竹子是"育"字，兰草是"英"字，梅花是"分"字，菊花是"校"字。我明白了，该同学把学校的名字和性质用"竹、兰、梅、菊"画了出来，不同图案代表着不同的级别与品质。同时，中华优秀传统文化元素渗透在奖状中。

几天后，等我拿到奖状的样本，看到其颜色分别是草绿色、天蓝色、粉红色、橘黄色，不再是过去那种仅仅以红黄为主的奖状了。而且学校的培养目标"行为规范、热爱学习、阳光大气、关心社稷、勇于担当"赫然印在奖状上。我再仔细观察，学校的校训、毛主席的题词"好好学习　好好学习"隐隐约约在奖状的花纹下面。这样，学校的价值观和培养目标体现在奖状上，让学生在潜移默化中接受洗礼，这是学校文化建设的一个非常好的案例。

3月份的运动会上，学校第一次使用由学生自己设计的奖状。我发现不少学生看到新版的奖状后都发出了惊呼声，还不断地展开欣赏自己荣获的奖状。尤其是我发现奖状图案的设计者相思涵同学，脸上一直挂着骄傲的微笑。她的劳动化身为学校的文化产品，她的作品以一种特别的方式得到了展示，并作为奖励来到一届届同学的手中，这对她来说，将是多么大的鼓励啊！她的兴趣特长赢得了无比的尊重。

一张小小的奖状的创新，会成就一个孩子的成长，激励她坚持自己的志趣，满怀信心地去奋斗。一届届的同学会在学校核心价值观和培养目标的文化氛围中，去追逐自己的梦想。

我们中小学教育者，应该为每一名获奖的同学量身定做属于他们自己的获奖证书，做到尊重每一名获奖者，充分感谢、认可他们的突出贡献与优秀品质，从而激励他们勇往直前的信心，成就每一个高尚光明的生命。这看似是一个理念上的小小举动，却意义非凡。

日本佐藤学教授认为："学校进行改革是一项超乎一般民众、教师及相关教育行政工作者想象的极为困难的事业。首先学校只有从内部开始转变才能实现真正的变革；第二，学校改革要稳步推进，不可以急于求成；第三，仅靠校长和教师的努力是不能改变学校的；第四，学习是学生人权的中心内容，是希望的火种；第五，我们需要构建每个人都被尊重，每名学生、每位教师都作为主人公活动的学校。"

因此，以上列举的关于奖状的变脸设计切口虽小，属于微创新行动，但是，我以为也体现了校长的领导力，我把其起点定义为使命感。我可以给周围的人和世界带来什么不同？从我做起，产生改变。有了使命感，有了从我做起的意愿，每个管理者都可以成为非常好的领导，剩下的就是不断修炼自己的领导力了。

身处一所城乡接合部学校，我必须知道我是什么样的，我在学校是谁。因此，微创新便成了我的治校新方略。正所谓：尽精微，致广大。

把指挥权交给学生以后会发生什么

我们学校有位王老师，五十多岁了，是音乐教师。每周一早晨升国旗时间，唱国歌、唱校歌这样的常规活动，王老师总是神采奕奕地跑上主席台，打着节拍，指挥全校学生歌唱。

教师无私奉献了额外的精力，全校师生升国旗时间的整体风貌也有提升，本该是值得赞扬的事，我却有不同看法。

教师太敬业太勤恳，这正是我隐约担心的地方。很多本应该由学生去做、去学的事情，都被教师代劳了。教师都做了，学生学什么呢？而且，每所学校几乎都有这样的教师。

王老师工作认真，同学们的表现也非常好，大家都认为这件事没什么不妥。只是，作为校长，我认为这种方式并不能最好地体现出学校的办学理念——"成就每一个人"。

在传统定义里，教师是知识的化身，因此，教师教、学生学被认为是天经地义的事情，教师以教代学、以讲代练比比皆是。

王老师擅长指导合唱课程，以"能做事"为自己人生的乐趣。因此，在台上指挥同学们进行合唱是他最热爱、最高兴的事情，他认为这是他的本职工作，他也享受这种指挥大合唱的感觉。

可今天的教育不再是教师单方面的教授和控制，面对一个个学生，不能再想着从思想和精神上去"驾驭"学生，需要尊重学生的个性与选择，给每一个学生提供锻炼的机会和平台。关注学生个体生命的素养也是当下和今后教育的核心地带，统一要求与教师"霸权"式的教育已经过时了，我们的教育观念需要重新建构。

∨ 解决方案

某个周一升完国旗，碰到王老师后，我说："王老师，能不能以后让学生在台上指挥合唱？您退居幕后进行指导。"

王老师说："当然可以啊，但怎么操作呢？"

我出了一个主意："组织个指挥社团，每个班选一名学生，轮流上台指挥。"

第二天，教学楼大厅里就张贴出指挥社团招募的海报。同学们响应积极，指挥社团很快就完成了报名，共24名团员。

令人感动的是，退居幕后的王老师依然勤恳，每天牺牲午休，抓紧时间训练大家的指挥技巧。

又到了周一升国旗时间，唱国歌环节，一名初一女生自信地走上了主席台。尽管动作略显生硬，她还是牵动了全校同学，嘹亮的歌声响彻整个校园。一直忙碌的王老师，终于"闲"下来，在台下满意地笑着。

我过去与王老师搭讪："怎么样，王老师，这是您的成果啊！"王老师说："您这招好。"

上主席台指挥的同学，我也问过他们的感受。"我喜欢为同学们指挥，在台下腿还哆嗦，但到了台上就忘记紧张了。"孩子们都挺喜欢这个事。

你看，把指挥权交给学生，王老师不用再那么忙碌，孩子们得到锻炼，学校理念也进一步落实，一举三得。"好教师"好，"好理念"更好。

升国旗改由学生指挥唱国歌后，学校的各项活动，老师们都开始注意把权利交给学生。家长会由学生策划并主持，主题课程展示由学生策划并主持，颁奖大会由学生策划并主持……学校组织的各种集体活动中，都活跃着学生的影子，教师悄悄地退到幕后，或扮起观众。

有一天，我正和一名专家喝茶聊天，突然他出去接了个电话。回来后，他说是我们学校的学生打电话邀请他参加一个活动。原来，那一年毕业班组织中考前的冲刺动员大会，年级主任把这个任务交给了同学们。打电话的同学正在联系合适的嘉宾。

于是，我顺水推舟向他解释了活动的情况，告诉他"让学生独立操办这类活动，是学校办学理念的体现"。

回校后我听年级主任说，这次负责联系专家的同学是第一次接手这样的项目，进展并不顺利。有些人听说是初中生邀请就不太重视，他都快急哭了。其实，让学生主动走进成年人的世界，与成年人沟通，不过是他们将来健康从容地走进社会的前奏之一。今天他们不怕被拒绝，敢与他人沟通，以后在社会上他们会获得更多的机会。

下面是两个学生与我之间的故事，也是在此理念氛围中自然发生的，是理念转化为行为的经典案例。

上午大课间，我正与几个媒体朋友商讨"身边的好学校"的拍摄事宜，一名女同学站在会议室门口，怯生生地说："校长，我叫刘佳卉，现在你有时间吗？我有件事与你商量。"

我连忙走过去，她双手递给我一张小而美的明信片，是一张邀请函。原来她组织了一个自主社团，叫"声临其境"，准备中午1:00举行开幕式。

邀请函是用英文写的，我准时到了现场，发现有二十几个学生在场。我知道了该社团分为中文部和英文部，每次活动分三个主题：童年回忆、魅声达人和自定义。她邀请我发表讲话，我向他们的活动表示了祝贺，并且表态学校要大力支持，包括指导老师与经费。

下午放学时，我碰到刘佳卉同学的妈妈。听她妈妈说："孩子邀请你了吗？她说，校长是教英语的，她得用英语写邀请函，怕出错，还让我认真检查了一遍。"

你看，当学生想邀请你做一件事，尤其是他们极想做的事，不管这件事是多么的小，对于这些孩子来说，都是最大的事，最重要的事。当他们想到邀请你参与时，他们是经过深思熟虑的，他们想把自己的事做得有仪式感，是希望你去支持他们的"事业"的。因此，他们需要拿出无比的勇气去找到你，需要交出自己的心去设计邀请函。

他们是多么期盼你的鼓励的话语，多么期待你的主动的关注。第二天，当我又遇到刘佳卉同学时，我笑着对她说："要坚持啊，我支持你！"她立即回答："行，校长。"

鼓励学生自主组织社团与活动，是学校文化的一部分。刘佳卉的家长问："会不会影响学习？"我告诉她："不会的，这不也是一种学习吗？"

在初一年级走廊里，一名初一学生跑过来："校长，我认为现在的学生自主能力不强，我想组织一个社团，锻炼一下自己的自主能力。"我说："好啊！"该生转身跑回了教室，我听到她兴奋地喊："校长支持我办社团了！"

当你把学生自主做事的权利还给他们时，他们会迸发出令人想不到的热情，许多创意会层出不尽，他们的勇气与担当精神自然会迸发。

随之，会有越来越多的同学邀请你参加他们的活动，这是一种社会化学习，在此过程中，他们学会了沟通、合作、表达、协调等多种能力。

作为校长，则千万注意，要十分重视学生的邀请，务必准时参加他们的活动，这是对同学的尊重，更是一种美好的教育，是校长领导力课程的一部分。

除了各种活动或课程，学校还把更多、更大的权利交给了同学们：学校成立学代会，征集同学们对学校发展的建议和意见，学校公示并努力实现；同学们共同协商制定《北京市育英学校密云分校学生惩戒条例》，把惩戒的权利交给了同学们；在 2017 年学校年会上，第一个发言作报告的不是校领导、教师或专家，而是一名初三男生，他的报告《我是如何学习的》引起了在场老师们的热议……

在一件件小事中，老师把权利交给了学生，实际上是把各种学习的权利还给了学生，让他们在自己的舞台上挥洒智慧，锻炼能力。无数小小的舞台，迟早能汇聚成人生大舞台；一次小小的锻炼，也一定会在学生心里种下更远大的目标。

怎么把校园真正还给孩子

问题发现

见过很多校园，很阔气，偌大的广场、宽宽的硬化路面、一排排的树林、成方的草坪。走在这样的校园里，心情自然感觉舒畅，精神也会为之振奋，多么清丽爽亮的校园啊。但是我总觉得缺少些什么，也许是一种人性的温暖，也许是一种心灵的渴望，也许是一种精神的安放。

一次我在阶梯教室开完初二的学生课程展示会，随着一名男孩走了出来。突然，我发现男孩快速走了几步，然后便坐在"君子比德墙"下面的四方花池边上，开始系自己的鞋带，原来他的鞋带开了。你或许以为这有什么大惊小怪的，但是，我却被彻底惊喜了一番，同时也引起了我的深思。

问题分析

孩子们来学校是为了学习的，这个道理谁都知道。但是他们也是来生活的，来寻求伙伴的，来体验做人的道理的，而这些需要他们在克服一个又一个的困难，甚至是经历一个又一个的错误中才能达成。

孩子们一进校园就会径直奔向自己的教室，为什么没有可以游览漫步的地方呢？下课后便是卫生间、老师办公室再匆忙走进教室，为什么没有休闲聊天的空间呢？放学后自然是迅速收拾好东西，离开教室便匆匆回家，为什么不开放一些功能专室满足一些孩子的个性化需求呢？

上述这些"为什么"也许都是些比较大的问题，可以用两个词就能回答得理直气壮：成绩，安全。是的，为了成绩、为了安全，这就是绑架理想教育的两根绳索。我深知，我也不敢说保证能很好地解决这两个问题。但是，我能做到的，也即我的使命，便是：让心灵离开囚禁之地，扩大我们的慈悲的范围，拥抱每一个生命的美好。

解决方案

在设计校园文化时，我们有一个理念，就是要"为了学生而设计"，校园是属于学生的，是为了方便学生的学习与生活而存在的。原先被冬青围绕着的绿化空间全被打开来，变成庭院式的空间。学生们可以在这里上课，可以来这里散步，可以坐在这里说些悄悄话。这里面有各种各样的植物，有供学生发布成果的展示台，有随手可得的书籍，有可以休息的木质座椅。

上面所说的那个男孩，就是几步跑到有座椅的地方，来处理自己的困境。这个地方就在阶梯教室的旁边，里边种植着花草，当初在设计这个地方时特意在花草的三个边沿增加木质的座椅，那么这个地方的功能就多起来了，既可以是绿化带的边界，也可以方便师生坐在这里欣赏花草、聊天。

而该男孩的举动，让我想到了另一重境界："这个地方让这个男孩优雅地解决了自己的困境，这个地方还可以邀请这样的场面。"我好像一下子被感动了，又特意邀请这个男孩再做一次系鞋带的动作，为他拍了一张照片。此时，有一个老师走过来说："真是处处为人着想啊！"是啊，如果校园没有这样的设施和地方，这个男孩也许就会直接弯腰或者席地而坐处理自己的鞋带了。

我们应该时常扣问自己的内心，我们的精神滋养与灵魂路途是否真实地与学生渴望的样子接轨了？我们有没有在真实的情境中邀请自己的思想与原始个性和谐地融入到学生的心灵里？

我们是大千世界的一部分，心与心之间有灵犀，物与物之间息息相关，但是这个真理却容易被人遗忘。一所学校，我们做教育的人，不能忽略一个问题：在孩子成长的过程中，不能让校园文化与他们深层的天性分离。

因为一旦孩子的生命因为功利性的东西而独立于周遭的他人的生命与大自然的环境时，他们生命最深处的召唤与智慧就会缺少了完整性与自觉性。当他们存在于自身的灵魂与外界失去了联结时，教育为人的目的便会被掩藏，表面是为了孩子，但是他们却变成了工具。

好的学校应该是一个开放的体系，与周围环境紧密联系。一方面，学校是周围环境不可分割的一部分；另一方面，学校也在创造着环境。

在总校校园里，有一片银杏林，里面有弯弯的小径，地面铺满了沙子。这是因为学校想到了儿童喜欢玩沙子。在这里，他们会发现无穷的大自然的秘密：蚂蚁为什么搬家？蚯蚓怎么都爬出了地面？喜鹊怎么会在沙子里边走边观望？……这些都会引发他们开启想象力与创造力，享受童年的美好与乐趣。

我校也是秉承这种思想与理念。这不，为了让校园与大自然建立联系，树下面池子里填满了颜色各异、形状不一的鹅卵石，这可是纯天然的，是河水多年冲刷的结果，它们从河床里被拉进了校园。孩子们看到会展开想象，这些石头怎么会如此光滑？有些怎么会像鹅蛋一样圆？它们是怎样变成这样的？一门课程就这样在校园里诞生了。

校园里所有的绿化区域都修建了供学生行走的小径，目的是方便学生走进去欣赏那些花花草草，也可以三三两两休闲聊天，还可以发现蝴蝶啊、蜜蜂啊、蜻蜓什么的。有一天，我发现一个画夹，上面画的是学校花园里的美人蕉，画得很美，有自然之风。很显然，很多课程资源就这样被种植上了。人们在美的环境中感受、对话，陶冶自己的道德情操与审美情感。

要敢于把整个校园交给孩子，这是他们的乐园，是多年后还会让他们魂牵梦绕的地方。这里会邀请孩子们演绎属于他们自己的窘迫、困境、幻想、秘密、创造、责任、健康……

"宅家学习"如何让学生主动起来

问题发现

在全民抗击新冠病毒期间，全国的中小学不得不延迟开学，学生停课不停学，宅家进行网络学习、自主学习。这就为老师们的教育教学工作带来了新的挑战，还没开学，很多老师就已经开始质疑：平时在眼皮子底下都看不住，这让学生们自己在家学习，那不成"散养"了吗？开学第一周，很多令老师无奈的问题开始暴露：网络辅导，学生在线却不走心，更有甚者，将网络交流平台最小化，边放着老师的语音边打游戏；老师线上提问，以"不会"为托词，拒绝思考和完成任务；老师布置的作业要么糊弄，要么不完成，老师打电话也不接，心想老师您总不能跑到我家来找我吧……

现在网上各大教育平台、教育专家对特殊时期教师的教学和辅导谈得很多，也给出了很多具体的建议，如可开展项目式学习、多布置实践性作业、要重视教学的反馈评价等等。可是，当这些前沿的、新颖的教学策略，遇到一些对很多事都冷漠、无动于衷的学生时，要发挥出其巨大的教育价值，好像还差了一步。

问题分析

差的这一步是什么呢？不是知识、技术层面的东西，这些专家们已经谈得太多了，我认为，差的是情感层面的东西，是老师和孩子们的关系，例如平等、自由、共情、信任、喜欢、崇拜等等。因为，我们所教的学生，首先是一个人，同时更是一个思想情感还不够成熟的少年，他们需要沟通交流，需要理解信任，需要有人用他们能够接受的方式引领他们。现在的学生厌恶说教，反对专制，他们有鲜明的爱憎，如果对某位老师"不感冒"，他们就会"旗帜鲜明"地体现在这门课程的学习当中，即使这位老师已经很认真地设计了自己的教学活动。反之，如果他们喜欢、崇拜或信任某位老师，就会很自然地追随着老师的脚步，努力按照老师的要求去做。

解决方案

如何让学生亲其师信其道呢？首先是给予尊重。著名教育家苏霍姆林斯基说："绝不能把一个小小年纪的人的精神世界挤压到学习里去。……他不仅应当是一个学生，而且首先应当是一个有着多方面兴趣、需求和意愿的人。"我们要尊重学生的差异、兴趣爱好，平时可以跟他们聊天，了解他们最近追的剧，爱听的歌，或是喜欢的电影，在一种轻松、愉悦、朋友似的交谈中拉近彼此间的距离。学生会觉得这样的老师跟自己没有代沟，他们的喜好被尊重，慢慢也就有了彼此的了解和信任。我校罗蓉老师班的学生课间有机会就会跑到她办公室去，刚开始她以为他们有事找她，慢慢她发现，他们就是喜欢到她这来，有意无意地说点什么，开两句玩笑，几个人互损一番，然后等到上课铃一响，连打带闹地跑回去上课。她很喜欢这样的相处方式，因为只有学生不躲着你，才有可能喜欢你、信任你。

其次是给予自由。学生就像老师放飞的一个个的风筝，不要怕他们飞远了，只要手里的线还在，我们就能对他们施加教育影响。不要想着去控制和束缚他们，这样的结果是，即使学生表面"驯服"了，我们的教育也是失败的，学生的学习只会是虚假学习、浅表学习。罗蓉老师的语文课堂很开放，有时候由一篇课文联想到其他内容，就带着学生从一条河流徜徉到一片海洋当中，自由自在，每个人都沉浸其中。有一次讲某篇课文时，她突然想到了余华的《许三观卖血记》中，一家几口饿着肚子躺在床上想象吃红烧肉的片段，就向学生推荐了这本书。结果下周一上课的时候，竟然有几个学生问她，什么时候可以一起分享这本书，他们都看完了。她很惊讶，本是根据自己的文学喜好，随口一说，既没布置任务，也没安排展示，他们竟然如此积极主动，究竟是什么力量影响了他们？细细琢磨，可能是轻松自由的课堂氛围激发了他们阅读的兴趣。在罗老师没有施加作业压力的前提下，他们主动撰写发言稿，制作PPT，派课代表向她"争取"了一节语文课召开他们的读书分享会。这一节课，她只是默默地来到教室后面，和学生坐在一起，看他们一个个上台发表自己的观点，听他们为了某一个问题争得面红耳赤……这节课虽然没有讲新课，可能暂时耽误了教学进度，但从长远来看，这才是语文课该有的样子，这才是学生学习语文该有的状态！

学生这次的表现，让她深受启发，她的课堂也越来越注重润物细无声般的"渗透"，她会看似无意地说起自己看过的某本书，其中某一个部分如何令自己难忘，过几天，一定会有几个人拿着那本书到办公室去跟她聊天。人虽然不多，但他们一个个就像班级阅读的种子，只要给予他们足够的自由，尊重他们的爱好和选择，用心浇灌，用学生影响学生，就一定会有全班爱上阅读的勃发之时。

苏霍姆林斯基说："在我们的学生的身上，隐藏着天才的数学家和物理学家，哲学家和历史学家，生物学家和工程师，大田里和机床旁的创造性劳动能手的素质。"这说明，学生的特长、爱好不一样，阅读兴趣肯定也不尽相同。作为教师，我们要放手让他们自主选择喜欢的书，让他们在轻松的氛围中，不知不觉地对阅读产生兴趣。

此外，还要给予机会。我们要创造与学生平等对话的机会，给学生展示的机会。寒假期间，罗蓉老师在家阅读了周国平的《妞妞》这本书，其中传达的父亲对已故女儿的浓浓父爱与不舍让她动容，甚至让她不忍心把最后一部分内容读完。她在语文群里把她的阅读感受跟学生们进行了分享，如实告诉他们，因为妞妞的命运太悲惨，实在不忍心读到最后，同时把她查阅的有关作者痛失女儿之后生活的相关资料发给了他们。过了一段时间，有一个学生在群里告诉她，已把《妞妞》看完了，边看边哭，本来经常跟自己的二胎弟弟闹别扭，看完书后，总是忍不住去抱抱弟弟。另一个学生给她发私信说："老师，幸亏您没看完，结局太惨了，妞妞最后死了，她爸爸和妈妈也离婚了，她爸爸又有了一个妞妞……"罗老师深知，这是与他们如朋友般的对话起了作用。

新学期开学后，罗老师通过微信询问了班上一部分学生，假期里看了什么书。令她没想到的是，很多学生都告诉她看了《妞妞》，还看了很多别的书，只是没好意思主动告诉她，她很感动。她问他们能否把印象深刻的跟她分享，可以是读后感悟，可以做成PPT，什么方式都行，没有字数限制，真实的感受即可，希望能带动更多同学看书。没想到，半个小时后，就有学生陆陆续续给她发来他们的阅读感悟，她一一回应，有的是针对学生所谈到的内容的评价，有的是进一步的引导和提升。她还把孩子们最真实、最宝贵的阅读感悟认真编辑成美篇，举办班级阅读推介会，每一期刊登三位同学的作品。下面是笑笑同学的作品：

在假期里，我阅读了余华的《活着》，从中感悟到不少。

这本书的中心人物是一个叫福贵的人，他是一个少爷，年轻时吃喝嫖赌无所事事，最终败光了家产。他是一个令人十分同情的人物，在书中是以主人公福贵的口吻来叙述自己的一生的。

在福贵贫困潦倒的时候，他们一家勤恳地生活。后来他被逼迫去参军，熬过了很多苦之后终于回到了家。他的闺女不幸病死，从此时起，他的生活经历了许多的动荡，家人相继在三年自然灾害、"文革"中一一离他而去，最终他身边只有一头老牛。这个人的一生实在跌宕起伏，整本书给我的最大的感受就是十分真实，我觉得这也是余华独特的文风，比如《许三观卖血记》也是如此，切入点都是最最普通的小老百姓，不是以一个旁观者来叙事，而以主人公的口吻来说，没有太多人为的渲染，却又无不使人深受感动。

一开始听到这本书的名字我就很感兴趣，"活着"二字有怎样的深意呢？人生在世可能不是为了某种伟大的目标而活着，可能就像作者所表达的，为了活着而活着。我觉得在那样的时代背景下，福贵以及他的遭遇可以说是当时底层人民的缩影。一个个亲人的离去，也不能成为击垮一个人的理由，福贵就是如此，他经历了许许多多，却依然活着。这让我想起了老师说的一句话："人生最大的意义就是即使看透了生活的苦涩却依然热爱生活。"生命是一个很大的话题，它可能没有标准的定义，但是读完这本书，我认为生命就是苦和甜的混合体，人生既有悲痛欲绝，也有甜蜜的惊喜。活着是为了不辜负生命，不辜负这世间带来的百态"礼物"，做一个打不死的小强，积极地活着，哪怕苦不堪言，也要依然充满希望。这是我从这本书中所汲取的营养。

罗老师对她的评价是：很高兴看到笑笑在阅读完老师推荐的《许三观卖血记》后，对余华的作品有了兴趣，自主进行延伸拓展阅读。这本书还有一个可贵之处，就是把人物命运放在一个宏大的历史背景下去展现，很多经典作品都用了这种方式，比如小说《芙蓉镇》《平凡的世界》，电影《霸王别姬》，大家有兴趣可以去看看。

《老子·十七章》有语"无为而治"，他认为："太上，下知有之；其次，亲而誉之；其次，畏之；其下，侮之。"也就是说，最好的君王是仅仅做好榜样就够了，让下面的人知道你的存在就好了。这一思想对于管理学生、组织教学有很大的启发。专制的、高高在上的管理方式，只会让学生"畏之"，逼着他们进行虚假学习、浅表学习；要让学生真正爱上阅读，尤其是宅家期间自主阅读，老师要做好示范和榜样，用自己的兴趣、爱好去引导、感染学生，在潜移默化中点燃他们内心阅读的"星星之火"。我相信，在这种"无为"的管理方式下，阅读的"星星之火"一定会慢慢"燎原"。

"惩罚"何以自己说了算

▼ **问题发现**

纵观我国绝大多数中小学校，其纪律、规范、制度等都是由学校教师自己制定的，不免带有成人化单方意愿，带有上代人的管理思想痕迹。学生每天在成年人的约束之中，现代学生的思想与行为得不到张扬，教师在处理问题时常常就事论事，不懂得给学生留下改过的机会。"惩罚"的方式更是有点专制，动不动就通报，动不动就罚分，动不动就叫家长……这种世代承接的教育模式严重挫伤了学生的主动性，伤害了他们的自尊心，甚至"逼"其产生叛逆心理，导致厌学和中途辍学。即使采取所谓的"自主管理"，制定一些班级规则，有时也离不开权威式的量化积分的方式来实施评价管理。

▼ **问题分析**

不少老师之所以喜欢用传统的"惩罚式"管理，一是因为习惯性的思维与行为，或是学校的整体管理要求；二是因为这种方式会立竿见影，不会花费自己多少时间；三是因为自己缺乏更加科学有效的管理办法与理念。当然，还有一些比如性格、习惯、情绪等方面的个性化因素。

最重要的是，这些老师缺少一些教育理念与艺术，比如用启发式问题来促进沟通、邀请鼓励合作、肯定并给予尊重、和善与坚定并行、赢得孩子信任、错误也是成长的机会、情绪冷静寻求背后原因、同情孩子当下处境等。

对待孩子的方式不能简单地归结为批评和奖励，我们应该在让孩子形成良好自我价值感的基础上，培养孩子对自我的认识以及对老师、制度等的认可和信赖。因此，如何给孩子参与解决问题的机会，让孩子选择自己解决问题的办法，是我们在管理班级时需要考虑的现实问题。

解决方案

鉴于上面的现状和新时期教育的需要，我当班主任时尝试设计了一种全新的班级管理模式，即"惩罚"自己说了算。

一、"惩罚"规则自己定

具体做法如下：（1）一入学，就让学生描述心中理想的班级，引导大家出"金点子"：为了创造理想的班级，我们该怎么做？应该有哪些条款？如何责罚？……（2）入学一个月后，全班同学开始讨论、修改，逐条逐项举手表决。（3）到第一学期期中才最终确定，编印成册，人手一份。一经制定，原则上不作修改，确有特殊情况，全班表决，一年修改一次。也可邀请部分家长参与，提出建议和意见。在规则制定的全过程中，我只是把握其中原则性问题，充分体现教师主导、学生主体的作用。注重程序的公正；条款细致入微，要具有可操作性、趣味性和教育性；规则面前人人平等，任何人都不能享有特权。

班级规则的制定过程，就是一个良好班级形成的过程，就是学生开始走向自律、自我约束的过程。同时，也能培养学生的团队意识和集体精神，锻炼学生解决问题的能力。通过描述和讨论，学生管理他人和自己的责任心在潜移默化中生成。

二、"惩罚"管理自己干

根据制定的规则，基于学生自愿报名选举和班主任的意见，组成了一套认真负责、精明强干的班委会队伍。班委会成员有五人，每周五天轮流值日，担任当天的值日班长，全权处理班级日常事务（如学习、纪律、卫生、三操等），值日班长必须恪尽职守、公正执法，对全体同学和班主任负责。相关责任人必须服从值日班长的管理，值日班长根据当天的值日情况作值日报告。值日班长施行"每学期述职报告制"，根据其工作表现和业绩，由班主任组织"司法委员会"，通过投票方式，决定其任免或改换岗位。我大胆放权，让班干部走到台前，自己退居幕后，不再事无巨细事必躬亲，而是做他们的后盾、顾问和导演，进行宏观调控。有了我的充分信任、理解和支持，有了广大学生的监督，班委会成员"八仙过海，各显神通"，充分发挥主观能动性，产生出了许多奇思妙想，使班级始终保持生动活泼、积极向上的发展态势。

三、"惩罚"监督自己来

为了保证班干部尽职尽责和公正值日，保持班级健康、持续、和谐发展，根据班级规则，我班又选举产生了"民主监督委员会"，如司法委员会、读书委员会、作业统计委员会、安全委员会、财务管理委员会、民意调查委员会、家校通管理委员会、值班监管委员会等，对班干部及其下辖的学习和劳动小组组长、课代表、宿舍舍长等进行监督，并针对值日班长当天的值日报告提交监督报告，讨论对"违犯者"如何责罚、责罚的方式和度是否合理、班级下一步发展的计划和目标等。比如说，有的学生对人无礼，应在班上当礼仪男生（女生）为大家服务；做了有损班级形象的事，应为班级做3～5件好事。又如，"上自习课"说话，第一稿的惩罚有点严厉，大家觉得不妥，应该放松，应给违反者机会，于是就做了进一步修订。当天的事情当天处理，每天由值日班长公布当天的情况，进行总结，每周五班会时间由班长主持，班委会及下辖组长、课代表等和司法委员会成员对当周情况进行总结，交换意见，找出本周班级发展的不足，讨论下周的发展目标和计划，然后根据规则逐项落实，并由有关委员会反馈给班主任和家长。力争人人参与"监督"，让每一个学生都是班级管理者，人人都有一份光荣感、责任感、成就感。这样，学生们充分地感受到班级是一个民有、民治、民享的民主集体，感觉到自己是班级的主人，学生的自我约束、自我管理能力就在这样一份主人翁的自豪感中孕育、发芽。

四、出错"罚单"自己开

纠正学生的错误思想和行为是班主任的重要工作之一。"人无完人"，大大小小的错误总会伴随着孩子的求学时代。班主任如何教育犯错的学生更能体现一个班主任的工作艺术。空洞的说教不能震撼学生的灵魂，讽刺挖苦只能伤害学生的心灵，放任自流只能让学生的错误行为越滑越远。为了尊重学生犯错的权利，使学生在宽松愉悦的氛围中，用"行动"而不是用"语言"来改正错误，我们大胆设计了"出错'罚单'自己开"的纠错模式，让学生自己选择改错的方式，即自己给自己开"罚单"。可供学生选择的处理办法除去前文提到的，还有"认真听讲一节课""讲一个伟人故事""背一段名人名言""讲一下父母的辛劳""说说同学的优点""唱一首校园歌曲""写200字以上的说明"等二十几种，处理办法不得重复使用。学生自选处理办法，充分体现了以人为本的教育方式，既让学生认识到自身的错误，获得了改正的机会，又使学生在宽松、愉悦的氛围中改正错误，促进了学生身心的和谐发展。

通过以上管理办法的施行，我班的班风明显好于其他班，学习、劳动等各项活动学生主动性很高，违纪现象越来越少，学校其他各班纷纷效仿，学校班级管理开拓了一个崭新的局面。

家庭作业何以成为"规训"学生的工具

大家都能亲眼看到或感受到，无论是自己的学生还是自己的孩子课下家庭作业之繁重。于是，不少学校会制定措施，想办法为学生减少作业量，为其减轻课业负担。

但是，即使学校明确规定课下作业量和作业类型，靠谁来负责落实？即使你每天在认真检查作业布置情况，一些隐性的作业也很难控制。比如有的老师会对学生这样说："这些题可以不做，但下节课我要讲。"有了这样的暗示，学生就不敢不完成了。学校不允许布置课下书面作业，但我可以布置背诵作业。甚至有的老师要求学生，不准告诉检查人员布置了作业，当检查者问卷调查或询问学生时，学生便隐藏了事实。

过多的作业汇成了题海，在不少学校是常态。只要这种情况发生，家庭作业就成为应付考试的常规战术，教育就成为一种纯工具性的机械的练习和训练。

大家都知道家庭作业传统的功能，包括对课堂教学的巩固和延伸、提高成绩等。作为教师，当然是不想放弃这种学生课下还能继续学习自己学科的绝好机会的。在教育评价制度和人才选拔机制都还没有做出科学调整的情况下，任何强行要求教师放弃家庭作业的做法，都会遭遇教师的抵制。因为一个教师要想取得我们常常所说的"教学成绩"，他必须让学生在自己的学科上投入更多的学习时间，而各学科教学时数一定，教师必然想办法占用学生的课余时间。要想更多地占用学生的课余时间，一个简单的办法就是布置作业，布置比其他老师更多的作业。

对于家长来说，家庭作业有助于自己了解学校的想法、教师的教学情况；家庭作业有助于学生在课下管理好自己的时间，充实学生的空白时间；家庭作业是保持学生竞争力和提高学业成绩的重要方式。有家庭作业，家长就能够看见自己的孩子在学习，就能够掌控孩子的学习情况。最为可怕的事情是教师和家长会以管理学生的家庭作业为由，不约而同地成为利益同谋者。为了学生"完成"或"正确地完成"家庭作业，教师和家长很容易加强彼此之间的联系，微信群晒作业、邀请家长到学校等现象就出现了。

我们的孩子就是在此逻辑下，变成了一个个被家庭作业"规训"了的儿童。他们一旦没有家庭作业可做，便不会去主动学习，甚至是根本不会学习。当家庭作业成了学生课余的主要生活内容，终身学习的习惯便很难在这些学生身上埋下希望的种子。

解决方案

在此，借助我所阅读过的两本书里介绍的设置家庭作业的方法，以及我曾经探索过的作业改革的做法，来谈谈可行的实施方案。

《家庭作业的迷思》一书的作者科恩计算了家庭作业的成本：不堪重负的家长，重压之下的孩子，家庭冲突，自由时间基本丧失，学习兴趣减弱。他指出：不管是小学还是中学，家庭作业都对孩子的学习没有帮助。强制性的作业只会让孩子抗拒学校并且扼杀他们的智力和创造的好奇心。繁重的作业，表面上是为了孩子，其实它是在毁掉孩子的美好童年，毁掉他们对学校的热爱，对责任的承担，千篇一律的作业实质上是在放弃孩子，意味着对孩子的不信任、对学习的一系列误解、对竞争力的错误关注。

我非常认同科恩提出的"内定政策"这一概念。当前几乎所有的学校的内定政策，即规律地指派家庭作业，给孩子一些功课回家是常规，没有家庭作业则是例外。在这种内定政策下，布置作业是正确的逻辑，否则，就是错误的逻辑，不管作业内容与形式是什么。他建议，学校和教师应该首先设定"没有家庭作业"为内定值。只有当作业真的重要而值得时才能布置。

需要布置作业时，我们应该重新思考作业的功能。自我调节学习领域的研究专家齐默曼明确指出："成功的家庭作业完成需要自我调节学习，在成功完成家庭作业的过程中，学生需要通过自我调节设置作业目标、选择恰当的学习策略、保持动机、监控过程并对作业结果进行反思。"

自我调节学习理念说明作业是学生自己的事情，是孩子自己的责任，家长只需要在需要时提供帮助即可。而作为教师，应该好好体会《作业设计——基于学生心理机制的学习反馈》一书中对作业的解读：作业，尤其是小学阶段的作业，不仅是作业，更是一种学习习惯、态度、心理品质的养成。作业，不仅有利于课后巩固课堂知识，更是课前学生多样化的认知观念和"迷思"的展现，是教师诊断和促进学生学习的评估手段。作业，不仅意味着课堂任务的完成，而且关涉与家庭或社区的交互活动，要将学校作业与学生真实的生活联系起来。

作业设计是一个系统，教师要设计的不仅是布置怎样的作业，还包括怎样布置作业、布置作业以后怎么办，而这一切都要基于对学生适应性的作业行为有更清晰的认识。

书中重点关注了四种类型的作业，有常规性作业、分层性作业、单元作业和长周期作业，这四种作业都是流行于当下教育实践中的作业类型。但是，难能可贵的是，作者把这些作业类型进行了"再概念"，或许这种基于心理机制的作业设计能激发作业类型的转型，为思考"减负"问题提供一些新的可能性。

对于常规性作业，要求所有学科每天统整控制。调整作业规则，以"掌握与理解"为导向，而不是以"完成量的多少"为导向。增加作业的趣味性、应用性及与生活实际的关联。学生主动选择作业量和作业形式。

对于分层作业，要分析作业的思维水平，引导学生选择适合的作业，降低分层作业的标签效应。在控制作业量的情况下，鼓励学生完成更有挑战性的作业，激发自我效能。为低水平的学生设置更有趣味和生活应用性的作业，运用合作小组的方式，采用弱弱、强强、强弱多种组合，弥补分层作业带来的学生分化。

单元作业要求学科教师合作，基于课程编写作业指南，以关联、贯通知识结构。将单元作业设计成合作、表现型的作业，以体现知识的整体性与应用性。设计单元作业前后的概念图、知识体系图，引导学生有意识地归纳、整理自己的知识结构，并在此过程中进行形成性评价。

长周期作业要求设计不同功能和目的的任务单，作为长周期作业的支架。强调长周期作业认知共享和思维求异的功能。用定期出版、公开发行的方式增强学生的荣誉感。组建共同体，让作业内容源于生活并反映生活。布置长周期作业之前先上一节指导课，根据作业情况适时设置指导与交流课，减少学生做作业过程中的孤独感和不能坚持的放弃率。

在山东工作时，我曾经与老师们一起实施过"零"课下书面作业实践改革，其途径是一开始规定家庭书面作业必须为零，待改革走进课堂、课程、教师专业发展等领域后，对作业进行了重新建构与设计。在常规作业为零的前提下，我们重视了分层作业、单元作业和长周期作业的设计研究与实践。我们还专门开发设计了《单元自主学习指导纲要》（即单元作业）和《节假日生活指导纲要》（即长周期作业）。

关于家庭作业什么时候来完成，我想最好让学生在学校就完成，不要把它带回家去做，也可以第二天来学校时学校规定时间来完成。尽量淡化对课下家庭作业的重视与研究，大家都应该把精力用在让学生在学校里完成应该完成的学习任务。把课下时间彻底还给学生，让其自主管理、自主选择自己的学习方式。

从家庭作业入手为学生进行"减负"，或进行教学改革肯定是最有效的方式，但是教师的技能获得与观念转变是一个非常漫长而艰难的过程。这项行动需要从敬畏学生生命、挽救孩子童年出发，从根本上重新认识整个教育领域的课程内容、教学方法、管理制度、政策改革等因素，完整地构建教育观念。只有从社会、学校、教师队伍和家庭等各个领域，以整体性的教育观念和策略去展开研究与实践，我们的教育才能彻底改变生态，走向良性发展，我们的孩子才能走出被家庭作业"规训"的命运。

中小学生纪律管理如何实现华丽转身

⌄ **问题发现**

在实际的学校教育教学中，教师在管理学生时有时会处于尴尬境地，陷入纪律的管理泥潭，而教师大多采用的管理方式是惩罚和奖励等重控制和约束的手段，以此来维护正常的教育教学秩序。

这种强行禁止型管理手段看似效果立竿见影，但学生并不一定心服口服，长期下去，不仅影响教学的效益和教育功能，学生的违纪行为还是时有发生。以至于我们的老师开始抱怨现在的学生习惯不好、太自我、不尊重老师，或抱怨现在的家庭教育出现病态，家长没有教育好自己的孩子，更甚者抱怨幼儿园老师和小学老师的教育。

⌄ **问题分析**

我们教师为什么每天在受挫、无奈、悲哀中度过？无非如下三种原因：一是这种手段重控制与外在刺激学生行为，而没有教授学生良好行为，因此难以帮助学生形成良好的行为习惯以及提高学生的自律能力和责任意识。二是这种手段无视学生的情感和心理需要，不但不能起到矫正不当行为和教育学生的作用，还有可能伤害学生的自尊心和自信心，不利于他们的成长和发展。即使奖励，也会使受奖励者仅仅关注奖励本身，而没有受奖励的学生会受到不同程度的伤害。三是这种手段的运用，在某种程度上标明教师将学生当作天生的"麻烦制造者"，不信任他们，事事处处都对他们进行监视和控制，容易造成师生关系紧张，尤其是容易引发青春期学生的逆反心理——故意违纪。

⌄ **解决方案**

我在学校倡议启动一种全新的纪律管理模式——基于价值观引领的纪律管理模式，它的核心观念就是勇于与学生真实生命相遇，努力走进学生的生命世界里。

一是观念转型。一个班集体一旦构成，学生势必要在班集体里寻找到一个适合自己的满意位置，这对他们是非常重要的。学生在课堂上发生的种种行为实际上是在寻找自己的一种归属感。所有的学生都需要觉得自己是重要的、有价值的、有作用的、受到重视的。在课堂上少数群体成员很容易感到自己被排除在班级的主流生活之外，结果他们很容易形成消极态度，出现捣乱行为。

学生出现不良行为表现都是有自己的目的的，一旦教师停止授课关注处理这类事情，就会正中学生下怀，此时，教师是失败者，学生是胜利者。在课堂上尽量多关注那些行为习惯好的学生，借此强化正能量，少去关注那些心存不良目的的学生行为，耐下心来，借用注视、轻轻走近他等方式处理他们的行为，实在是忍无可忍了，还是耐下心来，等待下课后处理。万不得已的时候，就要揭穿他的目的。

也就是说，不再把学生的不良行为看作问题行为，而是小心探究行为背后的目的，采取艺术性策略与学生沟通，在接纳、喜爱、赞赏的过程中，逐步破解学生的内在原因，找到学生的真实能力与兴趣点，鼓励他通过自己的能力为集体或他人做出贡献，帮助他重新建立自己的归属感。同时，不断调整自己的情绪与教学管理方法，努力适应每一名学生的需求。

二是方式转型。这种新型的纪律管理模式需要重新认识学生，不鼓励惩罚、奖励等重控制和约束的管理手段。它一般遵循以下三条原则：让学生相信自己的能力，能够积极与他人建立联系，为班级做出贡献。教师学生和家长一起参与，并通过对话和交流，共同讨论所期望的理想课堂，以及为了实现这样的理想课堂需要什么样的行为。课堂准则的用语要用正面的语言，避免生硬的"不准、不允许、不要"等词汇出现。如使用得体语言、他人讲话时要认真倾听、共同努力营造和维持安全以及安静的学习环境等。

我是这样做的：让学生自己与家长讨论制定课堂表现准则，评价方式由同学自己制定，谁制定谁负责评价，老师一概不过问，出现问题自己解决。同时，改进班级的治理结构，增设三名班主任助理，下设两名班长，每名班长带领四名班委负责一周的管理。每名班委再选择三名同学与之一起工作。这些班委都有两方面的管理功能：一是配合年级的常规管理，二是强化自我管理做出表率。我还根据不同情况的学生增添了特殊的管理岗位，如张某管理班级花卉。课堂学习小组四人一组，学习长负责学习管理，小组长负责行政管理。一切让学生负责，效果越来越好。

具体到每堂课上，一旦出现不当行为，首先要有一种思想——要把不当行为分好类，然后按实际情况处理。我一般把不当行为分为吸引注意行为（为了吸引额外注意，主要通过不断干扰老师和同学来达到目的）、争夺权力行为（目的是与老师争夺权力，拒绝接受规则和要求，以此来获得权力感）、寻求报复行为（旨在通过违纪来向老师或同学进行报复）、避免失败行为（为了避免失败而有意表现出因能力不足而出现不当）。

我尝试的预防或干预措施有以下六个步骤：寻找恰当环境客观描述问题；双方阐述自己的行为目的；表达各自的感受；讨论解决办法；确定解决办法；形成书面方案；评估效果，并进行修正完善。为落实这种做法，我在班里寻找了两名威信很高的同学—— 一名男同学、一名女同学，当某名学生有不正当行为时，我就委托这两名同学按照上述六个步骤进行干预，我的目的不是聚焦其已经形成的行为结果，而是注重干预过程的学生自我反思与自觉修正。

三是奖励转型。探索一种既不注重惩罚也不注重奖励的管理思想和模式，并不意味着彻底否定惩罚和奖励，只是想寻找一种更科学的奖惩措施。

中国老师奖励孩子，有时采用小红花、五角星、印章，积累到一定数量之后可以兑换小礼物，这样的奖励固然有些用处，但是显然缺乏引导性，物质奖励很大程度上也不利于孩子建立内在驱动力。

下面介绍几种国外中小学教师常用的奖励办法。他们的"奖品"并不仅限于奖状或者口头表扬，而是丰富多彩，花样繁多。以下这些"奖品"，或许我们不能完全借用，但仍会有很大的启发。

教师给学生家长打表扬电话（与家长分享进步和成就的快乐）；

减少作业量（享受因个人努力而获得的特殊权利）；

邀请校外嘉宾来班里做客（享受因个人努力而获得的荣耀）；

给图书管理员做助手（培养孩子的责任感）；

给老师选择一本书，让老师读给大家听（体验权威感和自主选择）；

跟老师共进午餐（体验权威感和荣耀感）；

在游戏中做主持人（体验权威感）；

获得更多休息时间（享受因个人努力而获得的特殊权利）。

很明显，奖励不仅仅是获得更多的物质，还是一种价值观的体现和塑造，以上这些奖励方式避免了以物质驱动孩子，更多的是以责任感、荣耀感、集体荣誉、成就感、自主选择、获得更多的自由来驱动孩子，帮助孩子建立的是内在的驱动力。如果有这种思想作为内定政策，再去选择奖励的方式，自然会想出很多有利于学生健康成长的奖惩策略。

参考文献：

琳达·阿尔伯特. 合作纪律：课堂管理指南（第三版）[M]. 万兆元，译. 北京：社会科学文献出版社，2012.

怎么参与到"为学生赋能"的教育之中

﹀ 问题发现

2020 年，新冠病毒肺炎疫情席卷了整个世界，一切习以为常的行动都不得不暂时停下来，大家众志成城，共同抵抗疫情。而作为学校，也迎来了非常规的运行模式，教师不得不由在教室上课变成在家上课，学生也不得不在家学习，采取的是"线上＋线下"的混合式学习。根据学校的问卷调查，比较突出的问题是教师管理学生被弱化，教师因习惯面对面与学生沟通交流，如今隔着屏幕与学生互动，以前有效的教学管理方式显然不再奏效，教师因此变得异常焦虑。对于学生而言，自主学习、自主管理能力就显得非常重要，其自制力、自觉性决定了自己的学习效果。关注学生个体、因材施教、发挥其兴趣爱好受到了挑战。学生被动应对教师安排的居家学习课程以及一些直播类学习资源，其实，自己的空间被挤压得很小，不能充分展现自己的个性特长与兴趣能力。

上述现象只不过看似因为疫情在家学习而显得严重，其实，这是一个教育的老问题：因为考试、分数，学校严格的管理与学科教学课程安排，也是在尽力挤压学生的自主学习空间、培养学生个性兴趣的活动时间，甚至有些学校发生了语数英等所谓考试学科教师争抢音体美等考查学科教师的课堂的现象。这就忽略了"德智体美劳"全面发展的教育目标，尤其是抹杀了学生的天赋和兴趣爱好。

作为校长，在此情况下又该何为呢？为学生提供学习的选择机会，让学生找到自己的兴趣、激情与目标，不仅可以选择学习内容、目标和活动，还可以选择进行何种评估，从而有一种自主掌控学习的经历，实现内在驱动的深入学习。

由此，我想到了"为学生赋能"一词，当然不是因质疑教育的诸多不妥而提倡学生的"自由散漫"，而是指要为学生能够表达出他们自己的观点并能够遵循自己的方向，提供尽可能多的平台与机会，学生缺乏的自制力、自觉性等品质习惯也会得到改善。除去引导教师在进行教学设计时，注意因材施教、关注个别需求，内容要多与当下疫情生活联系，注重实践性、情境性、体验性、探究性，发挥小组合作功能等原则之外，有没有更好的方式"为学生赋能"呢？

作为校长，传统意义上应该是更多关注学校的大局与顶层设计，更多关注老师的工作，而走进学生的群体中、活动中、课程中、内心世界中，好像会被很多事情剥夺掉，尤其是在"线上＋线下"这种学习环境之下，校长更不好接触到学生。但是，我一直认为，校长能够与学生打成一片，听取他们的意见与建议，感受他们的情感，尊重他们的选择，为他们创造条件参与学校治理，给他们搭建平台开设多彩的课程，帮助学生找到属于自己的道路，应该是学校教育的重点，是学校所有工作都应该一齐指向的目标。这将为学生更加热爱学校与学习、更加尊重师长与身边的同学朋友营造氛围，使他们今后走出校园，能够受内在动机的激励，找到属于自己的通往成功和幸福的道路。

在此不再罗列学校平时的做法，因为我的这一观念可以在本书多篇文章中体验到，我只与大家谈谈"线上育英学生大讲堂"的操作过程，算作对上述问题的回应吧。

总校由学生自主组织管理的"育英学生大讲堂"已经开展多年了，我来到分校后，前两年也努力开展过，因为当地管理模式的局限，更因为学校老师教育观念的局限，便搁置了一年，理由是没有时间安排，我便不再强力推动了，但心里总有一个愿望，必须重新启动起来，这是对每个学生的责任啊，是学校育人目标具体落实的体现啊。

于是，我与教育服务中心商量，决定由校团委具体牵头负责，在初一、初二各找一个班先行试点，然后全年级推开。我们选定了初一五班与初二四班作为试验班。任务布置下去，两位班主任老师欣然应允，并分别做了具体的实施方案。据他们说，学生们听后很高兴，说是非常愿意参与。下面提供其中一个方案供大家参考。

一、活动背景

早在 2016 年，学校就提出"全学习"课程改革理念，其中一个依据就是"互联网＋"时代呼唤"全学习"。而突如其来的疫情成为线上教学的助推器，这是一个"人人学习、时时学习、处处学习"的时代。教育信息化的最高目标是实现信息技术与教育的深度融合，从而促进教育的进一步发展和人的全面发展。

初一学生爱好较为广泛，学业任务适中，乐于参与各项活动。中小学阶段对学生兴趣爱好的培养尤为重要，教育应促进学生的全面发展，但由于学生自由支配时间较少，根据本校情况可通过线上开展学生讲堂的方式，丰富学生课余生活，提高学生综合素质，提升育英教育品质。

首先在初一五班小范围内（十人）做了对此活动的调查意向。大部分同学对"学生组织""人人为师""线上微讲座"的形式很感兴趣，且表现出了较强积极性。

反馈信息如下：

1.若作为主讲人或观众，你对哪些方面感兴趣？	书法、航海、绘画、英语口语、电影、戏剧、相声、音乐特长、舞蹈、出国旅行经历、科技发明创造、游戏设计原理、写作、篮球、足球、赛车、围棋、学习产品介绍、跆拳道、防身术等
2. 若作为观众参与活动，你想收到何种鼓励或奖品？	奖状、带有学校 logo 的文具（普通钢笔、中性笔、笔记本等）

3. 若作为主讲人，你想获得何种鼓励或奖品？	同学们的掌声、老师或同学们的认可 奖杯、奖状、带有学校 logo 的文具、个人风采展示海报等
4. 作为主讲人，想几人完成微讲座？	一人独立（2 名） 两人合作（7 名） 三人及以上合作（1 名）

根据以上调研，在十人小范围内写自我介绍以及讲演题目，目前在班级内讲堂已确定两个主题："游戏设计与运营""乐器与声乐"。

二、活动形式与意义

1. 活动形式：通过学生自主报名参与面试、张贴海报、制作课件和主讲稿，最终以讲座形式展现。

2. 活动意义：首先，活动是以学生个人兴趣和需要为中心的，是从所选主题开始，以主题为线索向前推进的；其次，这种学习完全是个性化的自我评价和自我实现的过程；最后，学习的过程是生成性的，而不是预设性的。内容应围绕趣味性、真实性、价值性三方面展开，由学生自主完成短小精悍的"微课堂""微讲座"，既符合信息时代碎片化、零存整取式的学习需求，又对传统教育教学模式做了有益变革。活动过程中，主讲人不仅锻炼胆量，也将学会公平竞争，懂得合作，增强自身语言沟通能力、组织协调能力，听讲座的同学们也吸收了课上没有的知识。

三、活动主题、时间与地点

1. 主题："分享，是一种幸福"。

2. 时间：拟定周一至周五晚上 6:00，周末或节假日活动时间由学生自行讨论决定，时长 20～25 分钟。

3. 地点：腾讯会议。

四、活动准备

1. 前期报名。拟设计如下调查报名问卷：

申请人姓名、班级、指导老师、接触该领域时间、主讲人联系方式、拟定主讲题目、主讲内容的主要分类（单选且必选，选项包括人文艺术、国学历史、自然科学、生活经验、政治经济）、内容简介与规划（此项为评选重要依据，尽量完善具体）、希望得到学校哪些方面的支持与帮助。

2. 确定活动微主题。

3. 准备好PPT与主讲稿。

4. 活动宣传：设计海报，具体内容包含讲座主题、时间、地点及主讲人照片。

5. 直播小助手：需要1～2名助手，检查签到情况，管理纪律秩序，记录互动观众留言与名单。

6. 主持人一名：介绍活动流程、活动人物以及进行活动总结。

7. 后期宣传：专人制作美篇；专人运营微信公众号"晨曦五班大讲堂"并做好记录与存档。

五、活动流程

提前到场调试设备—活动开始—主持人介绍本次活动并与观众进行互动—主讲人演讲—提问与互动—主讲人分享感受—主持人总结并公布奖励。

六、活动评分细则

1. 主持人：总分＝基本学分＋出勤分数。

基本学分50分。

出勤分数：出勤次数*1分。

奖励机制（分数待定）：

主讲人分数达到×分（一等）：奖杯＋文具。

主讲人分数达到×分（二等）：奖状＋文具。

主讲人分数达到×分（三等）：奖状。

2. 观众互动：

回答问题并且答对（原则上一场讲座累计不超两次）：5分/次。

提问（原则上一场讲座累计不超两次）：5分/次。

观看后截图发朋友圈并且配50字以上收获：10分。

观众采取积分制：累计50分可兑换一支中性笔；累计100分可兑换一个笔记本；累计180分可兑换钢笔一支。

减分规则：因说话影响会议秩序，-5分／次；在聊天对话框输入无关内容，-5分／次。

七、活动支持单位与资源

支持单位：北京市育英学校密云分校团委。

活动资源：1.腾讯会议小程序；2.奖品；3.参赛学生；4.教学和宣传材料。

八、活动注意事项

经彩排发现的问题：

1. 技术设备问题。（1）学生对腾讯会议共享屏幕等操作不熟悉；（2）音乐视频播放不连贯，影响视听效果。

2. 观众互动问题。观众互动不积极，原因分析：（1）主讲人抛出问题过于专业，观众不具备该方面知识；（2）用视频设备互动具有延迟；（3）观众内心不积极主动，参与与否不重要。

3. 讲解内容不精细，观众收获感不强。准备时间短，学生为非专业人士，大部分没有进行过专业训练，念稿痕迹明显，PPT逻辑感不强，讲解语气、语速不适当，观众极易产生疲惫感。

尝试解决方案：

1. 针对技术设备问题，提高学生对设备操作的熟练度，音乐可使用其他设备同步播放。

2. 针对观众互动问题，帮助学生调整问题难度，不宜太难。提前说明规则，用奖品等激励观众积极参与活动。

3. 针对讲解内容不精细，观众收获感不强，反复打磨学生PPT与语言讲解，训练学生自然放松的语气语速，通过前期彩排，不断调整讲解内容。

学生邀请我参加了该活动，我为学生准备的精心、内容的精彩、运用信息技术的娴熟，以及他们的主持、演讲、与其他同学的互动而感动。至于出现的小小失误就不重要了，重要的是过程。下面是几个同学的感受，不用再阐述其意义与价值，大家可以从学生们的感受中体会到他们的兴奋与喜悦，感觉到他们因参与活动各种能力与素养的锻炼。

"紧张得我手心都出汗了。"我回复着王田田的微信。"应场能力真强，后来没有那么尴尬呢！""不愧是班长，厉害！""我闺女又成长啦，妈给你做好吃的。"……刹那之间，我回过神来。

事情要从上周五的"线上班会"说起了：班主任刘老师说是要讲一讲自己最喜欢的一个方面。当时我没什么想法，只是觉得恐怕这个我还真不行……一天早晨，刘老师让我当主持人，我心想："不就简单的主持嘛，我还是能干的。""主持稿"我本想着写一遍再修改修改就得了，我心不在焉草草了事。当第一次自己真正练习时才发现：主持人也要用心写稿子，要不然到真正开始的时候，顺不下来就麻烦了。于是我重新认真写，整整写了四遍，我还是觉得有的地方不妥不太好，刘老师帮我修改以后，稿子定型了，一共五遍……

单纯以为是班里活动的我，在进入会议的时候傻眼了，李校长？冯老师？张老师？我一瞬间懵了……其实人多没什么，倒是校长来了把我弄得挺紧张。我一边心里安慰自己一边熟悉稿子，还时不时跟田田吐槽吐槽："校长都来了，一定要顺利啊。这给我紧张的，真怕舌头打结！"说到这里，我的身体不由得打了一个冷颤。"加油！棒棒！""当然，等着瞧吧！"在朋友们的鼓励下，我乐观面对，流畅并且有感情地主持完第一段。田田还在鼓励我……这时候的紧张早就不存在了，存在的是感动是欣慰是开心。

主持完我看了一眼公屏，王田田、王一丹、王佳仪……满屏的喝彩，开心！这次活动让我受益匪浅，这样的活动锻炼了我的语言表达能力，还让我变得更加勇敢。希望之后我会更优秀，我能更优秀！（主持人，初一五班高子田）

今天下午，我们迎来了一次特殊的活动，那就是"育英大讲堂"。这次活动有观众和主讲人两种身份，通常我只是一个小小的观众，但这次活动，我选择了做主讲人，给自己一个挑战，挑战之前没有做过的事情。

在准备 PPT 的时候遇到了各种各样的困难，比如在里面插音乐，其实一般人可能觉得很简单，但是对于一个打字都很慢的我来说简直太难了。经历了三个小时的研究，计算机"废柴"的我终于成功地把每一段音乐插进了 PPT。虽然最后是用手机放的，这方面要加强，但起码我可以在里面插音乐了，这对我来说也算一个进步。

而更大的进步应该是我成功地给很多同学讲解了一些关于声乐的知识。我比较内向，这次活动我锻炼了自己。当知道有很多老师、同学来听我们主讲的小课堂时，感到非常非常的紧张，因为我从来没有专门给别人讲过课，更何况那么多人。但这次讲课讲得也算成功，成功的原因可以说非常简单，那就是多练习，以及有很多人的鼓励。好朋友们一个一个地给我加油打气，还有，刘老师和同学们跟我们一次次地彩排，成就了今天的成功。

在主持人念完最后一句话时，我深深地松了一口气，同时成就感"扑面而来"：通过这次活动，我锻炼了自己，也深深体会到了只要努力，就会有收获。（主讲人，初一五班何卓美）

这次的"育英大讲堂"活动，我作为主讲人感受到了做老师真的非常辛苦。从开始筹备就花费了很多天，耗费了许多精力。需要搜集各种的资料，会遇到很多很多的困难，况且自己还不是怎么懂电脑，有时感觉都要崩溃了。我们想尽各种办法，对了无数遍稿子，还怕到时候出什么错误。

我们彩排了很多遍，可还是有一些小错误，于是我们一次又一次地修改演讲稿，都有点讨厌这种状态了。幸亏有老师鼓励我们，我们恢复了信心。在这次活动中，我表现得不是很好，我舌头都打结了的感觉，而且唱歌时我好像太紧张，唱跑调了，偶尔没人回答问题时我都不知道怎么化解。

我很怕自己的那些小错误会影响我和何卓美的讲课效果，我也怕自己搞砸了这次活动。最后发现同学们都很积极，我的心情平复了很多，感到了一丝丝的欣慰，非常的感动。

通过这次讲堂，我感受到了老师的辛苦。如果再有这样的活动，我还是会参加的，它可以锻炼我的胆量，让我从中学到许多知识。而且我也很是享受同学们争着回答问题时的情景，希望同学们和老师们可以认可我。（主讲人，初一五班许茗珊）

今天开展了有史以来第一次"育英大讲堂"，当然，也是我有史以来第一次当助手，真是一种别样的体验。

一开始刘老师说这只是一个想法，再到在班级里面举行这样一个小活动，后来彭老师又说是全年级性的、连主任和校长都参加的一个大活动。活动的组织与开展离不开刘老师的付出，也离不开每一个班干部的创意。

我在今天的讲堂里担任的是助手，助手的任务不是很多，责任也不是很大，所以我付出的努力相应地少一些，我的职责是维持现场秩序，记录回答问题同学的名单。

在大讲堂开始前，我们每个人都怀着无比紧张的心情，等待着时间跳到6点时主持人的开讲词，同时也期待着主讲人的精彩演讲。

在大讲堂开始后，有许多我们之前没有商量好的意外，不过，正是这样的经历让我们学会了随机应变，以及冷静面对，虽然每个人都有很多的小失误，但是总体上来说还是很圆满的。但是我们也不能骄傲，因为我们还有很多进步的空间，希望我们可以越来越好，加油！（助手，初一五班康予曦）

参考文献：

约翰·斯宾塞，朱利安尼. 为学生赋能［M］. 王顿，董洪远，译. 北京：中国青年出版社，2019.

怎么了解聪明的学生为什么学习不好

∨ **问题发现**

每个班级都会存在学困生，到了初中，这些学困生形成的原因已经比较复杂了：有的可能是因自身智力的问题；有的可能是因家庭环境与家庭教育的问题；有的可能是受社会环境或周边一些人的影响；有的可能是因自己的性格、情绪、习惯等方面的问题。

下面学生课堂上的表现，是上海市浦东教育发展研究院副研究员、学习共同体研究院院长陈静静老师在她的一次演讲中所描述的：

这是一节小学数学课。上课第1—5分钟，孩子们非常的开心、愉悦。我们通过对四个孩子"学习单"的观察，可以看到：第一和第二个孩子确实没有跟上老师的步骤。整个一节课，老师设计了十个题目。课上到第10—15分钟的时候，老师进行到第七个题目了，我们看这两个孩子，还停留在第一个题目。我们来看第三个孩子，大家都认为第三个孩子学习状态很好的。当其他孩子还在第一个题目，他已经到第二个题目了，他的状态确实是最好的。第四个孩子让我最震惊。在课堂上可能有很多这样的孩子，但是我们很少能发现。这个孩子原本我也认为他很认真，因为他一直在"写"，但我发现这个孩子的笔和纸隔着一段距离，"学习单"上一个字都没有。他看我走过去，感觉很尴尬，开始换笔芯，换了两支笔芯，但是一直特别不好用，他可能在想：我换完笔芯你总该走开吧？但是我没走，站在他边上。然后他开始揉眼睛，他在回避我的目光：我不看你，你总该走开吧？但我还是没走，一直站在他边上，直到第30分钟，这个孩子一直是无所谓的表情，意思是：你拍吧，反正我就这样了，你也知道我的底细了。而这个孩子，大家猜测一下，下课铃一响什么表现？对，"蹭"的一下从凳子上跳起来了，然后一下跑出去了，像出笼小鸟一样活跃。

当你真正走近课堂里的孩子，不少表面上看似认真学习的孩子，你会发现他们其实在"虚假学习"。比如刚才那个孩子，纸笔分离；还有的孩子在课上忙得很，但走过去发现他在画画，在课本上描来描去；有些孩子看似坐得笔直，眼睛囧囧有神地看着黑板，其实"大脑"早已溜号了；更不用说有些干脆就一堂课低着头甚至趴在桌子上睡觉的学生了。

问题分析

学困生是如何产生的？还是借助陈静静老师演讲里的内容进行分析。

如果现在把上述描述的课堂上学生们的状态进行回放，您是否发现了一个学困生的个人发展史？学困生最初也是投入学习的，他的状态也是很好的。但是，他在学习过程中会遇到困难，遇到困难，他会发出求救信号，需要有人能够帮助他。

但是，在传统的以讲授为主的课堂上，我们常常没有办法及时回应所有孩子的需求。老师没办法回应学生的需求，同伴之间也没办法彼此回应。孩子如果说话，还可能会被认为搞小动作、交头接耳。所以孩子在课堂中常常处在孤立无援的状态，学习需求无法得到满足，也没有得到支持。日复一日，从完不成学习任务直到最后放弃，这就是一个典型的学困生的学困历程。

同时，研究也发现："虚假学习"的情况在小学三年级一直到初中二年级不断增加，因为孩子慢慢长大了，他们逐渐了解了课堂规则，也了解了老师的偏好。即便学习上遇到困难，不能持续下去，他们也想要保护自己，满足老师对他们的课堂要求，不自觉地表现出"虚假学习"的状态。还有一种是"浅表学习"，在小学和初中女孩子当中非常普遍。"浅表学习"孩子的表现是什么？上课的时候一直跟着老师转，老师说到哪就记到哪，老师说到哪就背到哪，但是孩子的思维没有启动。这样的孩子，通常到了初二需要高阶思维的时候就会出现疲态。特别是进入高中以后，会出现很多"伪学优生"，看起来学习还算优秀，但高阶思维没有锻炼出来，一直处在低级学习层次，所以在学业难度增大时，"伪学优生"就突然暴露了，成绩甚至出现断崖式下跌，特别是女孩子，原因就在于"浅表学习"使得很多孩子学习并没有深入。还有一种是"虚假进度"，我们老师的教学历程和孩子的学习历程不匹配。因此，大量采用"刷题"策略的"书山题海"式课堂，看上去效率很高，实际上制造了大量的学困生和"伪学优生"。

解决方案

为了真正了解这种现象产生的原因，采取更加合理的教学措施，真正实现"以学习者为中心"，把学习的权利还给学生，做到因材施教，使不同层次的学生都能真实参与到课堂学习中，都有不同程度的进步，我在二十一世纪研究院专家的指导下，进行了一次"影子学生挑战"项目，现把其中的过程与反思介绍给大家。

"影子学生挑战"项目是指在一天时间里成为一名学生的"影子"，真实地体验学生上学的经历，真正地与学生换位思考。早晨7点，我早早就在学校大门口等着"我"，我们事先已经约定好，我们俩肩并肩一起走进了校园，边走边聊。进了教室，我和"我"在课堂上一起上数学课；我和"我"写毛笔字，一起上书法课；我和"我"一起与同学们吃饭和交流；我与"我"一起上体育课。下午我俩握手告别，我目送"我"回家。

作为校长在此情境下会怎么想？怎么做？又会有什么发现和体悟呢？下面是编辑与我的对话。

编　辑：请介绍一下您所跟访的学生。

李志欣：我跟访的是初——班的一名男生，他性格开朗活泼，爱好打篮球，学业较差，母亲在乡镇政府部门上班，父亲经商。

编　辑：您为什么选择这位学生？您想要探究的问题是什么？

李志欣：我征求了部分老师的意见，认为该生很聪明，但因习惯较差、家庭教育不当、长期得不到关注等，学业成绩较差。

我想通过该活动，了解这类学生课堂学习的真实情况以及其他方面的真实生活与想法。通过了解洞悉该生课堂学习发生的过程，让其自觉体验与过去的不同；鼓励该生敞开心扉，谈论自己的真实感受以及与父母等身边人的真实关系。

编　辑：当学生一天，您感觉如何？这一天中，什么最让您感到惊讶？

李志欣：紧张、惊奇，我感觉打开了自己的心情与思维。能够了解到学生一天的苦与乐，开始产生同理心。

最让我惊讶的是该生的真实表现凸显了其惊人的潜力。一天接触下来，该生以及他的同学向我打开心扉，与我朋友式地交流。我发现了这类学生学习较差的真正原因所在，也深刻了解到孩子的问题大多来自家庭的不良教育和不科学的亲子沟通方式。

编　辑：在完成"影子学生挑战"之后，您最想解决什么问题？

李志欣：最想深入了解学生学业成绩较差的本质原因，帮助学困生真正地投入到学习中，改善他们过去的不良习惯，开启新的学习生活。

编　辑：为解决这个问题，您计划如何行动？

李志欣：从改善与学生家长的沟通开始，帮助家长发现并纠正与孩子沟通的错误方式；然后与教师沟通，让他也做一次"影子学生"，切实去感受这些孩子的真实学习过程与心理情感，做到更多地关注和信任孩子。

编　辑：未来您会再次参加"影子学生挑战"吗？您预计与这一次会有什么相同和不同的地方？

李志欣：如果还有机会参加这种活动，我可能会选择做其他类型学生的"影子"，或邀教师和家长一起参与感受。

下面我回放一下我与"我"一起上数学课的情景与状态：我坐在"我"旁边，我们都在认真听课，积极举手参与老师的提问，"我"表现得出奇主动，令人惊奇的是，"我"说的答案都是正确的，同学们都为"我"鼓掌。尤其是在四人小组合作讨论活动中，"我"主动发言表达自己的想法，认真倾听小组其他成员的讲解。在我与"我"的积极参与下，该小组讨论热烈，很快达成共识，最早举手展示了小组合作的学习成果。

陈静静老师说：多数孩子在课堂上一开始会产生认知冲突和困境，产生混沌，接着他要试错，寻找解决方案，而且找其他人论证他的解决方案，最后他还要订正错误。

一节课看似短短 40～45 分钟，但对课堂上的孩子而言，如果他的学习需求一次次得不到回应和满足的话，这个过程其实非常漫长。他渐渐就对学习失去兴趣，变成"伪学优生"和学困生。如果课堂上这些问题始终引不起注意、得不到解决，这部分学生可能会越来越多，到了初中，这部分学生的比例可能会让你感到吃惊。

老师的教学内容和方法要能够回应孩子们完整的学习历程，与他们的思考历程相匹配，教学才会有效，学习才会发生。反之，如果教学历程完全不考虑孩子的认知过程，不考虑学习过程的话，我们的教学就会无效。

当然，出现上述令人意想不到的效果，不仅仅与我做该生的影子有关，参与授课的老师也会因我的存在，更加关注该生的学习历程，教与学产生了协同，老师与学生的情感形成了共振，该生的学习真正发生了。

如果老师们有机会也做一次"影子学生挑战"项目，就会真正洞悉这些学困生的真实学习生活，甚至会了解他的家庭生活和其业余生活，走进他们的内心，成为他们的忠实的朋友。如今这个孩子见到我时，他看我的眼神与其他同学看我的眼神是不一样的，我无形之中成了他永远的影子，给了他鼓励与信心。当老师明白了这一历程的道理，再进行教学或与学生交往时，会有另一种别样的感觉，会生成一些更接近人性和教育规律的教育教学艺术。如陈静静老师所说："其实，最需要跳进'书山题海'的是老师。老师要先跳进'书山题海'，进行学科本质的研究，然后把真正有挑战性、有难度、有核心价值的问题筛选出来，进行精巧的学习设计，才能让孩子获得完整的、真正的学习历程。"

第二辑

激活教师的成长自觉

一粒种子，从泥土里萌动，到破土而出，"我要发芽"就是它来到这个世界最大的动力。

一个人的成长，唯有基于内心最深处的渴望，才会发出最动听的声音："我愿意。"

教师的成长也是如此。如果教师从来没有聆听到自己"我愿意"的声音，那么他的教学工作就会变成毫无生趣的负担。就像一朵花的根部，因为缺少适合的养分，必然会枯萎一样，教师没有了成长的动力，日复一日的岁月消磨、单调枯燥的机械重复最终导致的必然是职业的倦怠与生命的枯竭。而如此状态，所能带给学生的是什么，自然可想而知。

从这个意义出发，作为一名校长最大的使命，就是唤醒教师心中那个"沉睡的巨人"，而巨人的名字就叫"我愿意"。

当校长明确了这一使命，将激活教师的成长自觉作为学校发展的首要任务，将教师引向追求生命成长、专注学习研究、享受教育创造的秘密花园时，便意味着一所学校按下了从平庸走向卓越的按钮。

当校长坚定地相信每个教师都有潜在的能量，并积极创造条件，帮助教师实现个体的职业价值，提供更多专业支持，帮助教师从教育工作中收获价值感、成就感、荣誉感，当教师迷恋上自己研究的田地，开始朝向优秀与卓越一步步努力，当"我愿意"的声音由弱变强，一所学校最美的气象，也便开始了蓬蓬勃勃的生长……

如何引领老教师走向"教育自我"的幸福之路

∨ 问题发现

在不少学校，经常听到校长说有这样的烦恼：当老师到了临近退休的年龄，尤其是当这些老师晋升上高级职称后，会不再积极进取，捡着轻松的岗位竞聘，对于学校推进的关于创新的变革行动不愿意参与。其借口多是如此：我们年龄大了，脑子慢了，跟不上形势的发展了，让年轻人勇挑重担，我们干好自己应该做的事情就够了。

在我校，自然也存在如此现状，甚至有些老教师只是固守自己的岗位，固守自己岗位的传统职责，不愿意改变自己的工作环境与职责。对于一所需要加大发展力度，需要摆脱过去传统的羁绊寻求创新与变革的学校来说，这些老教师的态度与状态显然成了改变与发展的障碍。

如何引领老教师重新焕发活力，激发其进一步干事创业的激情，充分发挥他们多年实践的工作经验，为学校的发展继续献计献策、奋发作为，尤其是如何发挥他们富有个性风格的教学主张与教育经验的作用辐射带动年轻人，把他们宝贵的教学与管理智慧以及老一辈不畏艰苦、勇于担当、无私奉献的精神作为学校的优良传统文化保存下来并永久地传承下去，是学校需要认真思考的命题，并需要积极采取一些可行的措施。

∨ 问题分析

之所以出现上面的现状，我认为：一是与当下整个教育领域的大氛围有关，多数学校的老教师都会出现类似的状态，大家便互相"学习效仿"。

二是老师从事教书育人工作多年，因为自身缺乏学习，没有找到持续成长的渠道与方法，自己未来发展的目标不够清晰，享受不到教育的创造性成果带给自己的快乐，缺乏获得感，认为教育教学就是乏味的重复性的工作，职业倦怠感让他们不再有勇气和兴趣继续前行。三是学校的管理不够科学有效，比如绩效工资分配不够合理，评先树优与一些比赛活动不利于老教师参与竞争，学校也顺理成章地默许了老教师的这种状态，把工作担当与发展培养更多地倾斜到中青年骨干教师身上。整个学校系统没有认识到老教师的真正作用与价值，没有去发现与挖掘这些已经干了多年教育事业的人身上的宝贵智慧，没有真正珍惜尊重他们热爱教育事业与本职工作的无私精神。四是有些老教师因为自身身体状况不佳或家务事过多影响了自己的工作状态。

解决方案

2019年6月10日，我校举办了"教师领袖"颁奖活动，王晨阳、张文英、曹丽娟三位教师获此殊荣。在我看来，一所致力于改革的学校，教师的专业发展并不单纯局限于教学与研究等活动，还应关注"教育自我"。这不仅有利于解决学校和课堂中的实际问题和困惑，提高教师的专业水平，还能使教师的工作更具生命力。为提升教师专业发展的兴趣与自觉，搭建教师成长平台，我校于2019年1月发布了《北京市育英学校密云分校"教师领袖"认定及管理办法》，开启了"教师领袖"评选活动。这次评选活动，就是针对一些有教育情怀、有责任担当、有创新精神的老教师群体。

学校在三年发展规划（2016—2019）中这样定义"教师领袖"：他是指那些自主认识到自己是专业的开拓者并积极行动、承担责任，为学校的发展做出贡献、推动学校积极改变的教师。"教师领袖"必须承担课堂之外的更多工作，如开办讲座、写期刊论文、支持新教师、为管理分忧等。

同时，"教师领袖"必须符合五个条件：（1）有理想信念，忠诚于党的教育事业，培养行为规范、热爱学习、阳光大气、关心社稷、勇于担当的中学生。（2）有道德情操，恪守教师职业道德规范，遵守法律法规、规章制度，以高尚的人格和高贵的情感赢得本校教师和学生的尊重。（3）有扎实学识，敬畏自己的专业，视专业为自己的生命，做专业的开拓者，积极承担课堂之外的工作，对本学科有自己独到的见解或方法。（4）有仁爱之心，关心热爱学生，在严格要求的同时以恰当的方式让学生感受到教师的爱，积极主动承担构建良好师生关系的责任。（5）关心学校发展，支持新教师成长，包容不同的个性，为学校、团队、同事的进步喝彩。

我认为，在一所学校里，应该充分体现"谁有思想谁就是学校的领袖"的治理理念。不同于选拔世俗眼中的名师，"教师领袖"是一种基于精神和心灵层面的选拔。同时，"教师领袖"的评选不掺杂任何物质奖励，而是纯粹的精神激励。

与学校发展规划同步，"教师领袖"每一年评选一次。在经学校各年级部推荐、个人自荐，并由学校领导及教师代表组建的"教师领袖"认定领导小组确定"教师领袖"人选名单后，经校务会研究讨论通过且公示，首批"教师领袖"王晨阳、张文英、曹丽娟脱颖而出。

王晨阳是我校的一名音乐教师，"热爱""努力""良知"这三个词描绘了他几十年的音乐教师生涯。他说："当老师，热爱事业和热爱学生是最基本的。一个人只要认准了做一件事情，就必须努力成为本专业领域的一个'领袖'。""教师的魅力在于内心的良知。"如果学校能够给教师一个园子，一块自留地，让教师去耕种，那么教师的种种付出也就变成了享受。"学校的合唱团就是王晨阳老师的"自留地"，在这块"自留地"上，他有"基本功更为扎实、视野更为广阔的新生代音乐教师带来的压力"，也有"自身素养限制自身发展"的"本领恐慌"，所以他一直保持着学习的状态，自学了更多专业相关技能。

对于"教师领袖"这项荣誉，张文英和曹丽娟有着共同的感想："教师领袖"是一种荣誉，更是一种责任，在获得这项荣誉之后，除了关注自身的专业成长，也开始更多地帮助、关爱其他同事，引领青年教师成长。

张文英是一位临近退休的数学教师，她享受数学教师的身份，对即将退休、离开教学团队非常不舍。对于数学教学，她认为，数学学科与其他学科不同，学生们的基础差距很大，所以需要关注的层次比较多。这就需要数学教师在课堂设计上花更多的心思，这样才能不使任何一个学生掉队。

语文教师曹丽娟是学校唯一一位学生评价满分的教师，在其他教师向她取经时，她表示，秘诀就在于用心对待学生，用良心教书育人。她说："对教师而言，一个孩子是几十分之一，可对一个家庭而言却是百分之百。教师应该站在良心的角度去教书育人。比如在学生犯错的时候，要让学生感受到老师是一碗水端平的，没有任何歧视，是真的为他好。在和学生沟通时，也不能仅仅局限在课堂上，课下也是很好的机会。如果孩子喜欢某位教师，就会喜欢这位教师所教授的学科，成绩也就自然而然地提升了。"

针对"教师领袖"，我校还有一系列的管理办法，比如"教师领袖"将进一步承担支持新教师成长、建设自主课程、为学校管理分忧、积极参加撰写各类文章或案例、课堂展示等任务；学校会适时召开"教师领袖"教育教学思想研讨会，凝练其教育教学主张；同时，学校也会为"教师领袖"提供专业发展的平台，扩大"教师领袖"影响力；对于退休的"教师领袖"，学校可以采取返聘的方式，让他们继续发光发热。

很多教师没有职务头衔却堪称教师中的"领袖"，他们不仅是学校思想和教学的领导人，更是名副其实的教育家。我们将会继续挖掘和培养真正为学校发展有突出贡献的"教师领袖"。

参考文献：

黄绍裘，黄露丝玛丽. 如何成为高效能教师［M］. 美国伊仑奈克斯翻译公司，中文在家，译. 北京：中国青年出版社，2011.

如何开启"未来新型教师"自觉向上的心灵

∨ **问题发现**

在我校,有一道道靓丽的风景,这就是,校园里跳动着、活跃着一群群年轻的新老师。每每看到他们,我就油然而生一种敬意,他们是学校的新生力量,是教育未来的希望啊!

新教师从学生角色转变为教师角色,从大学校园走进中小学校园,虽然这些校园他们并不陌生,但是他们却有很多的不适应,接踵而至的是一连串的挑战。如何快速适应学校的文化与习俗?如何与学校领导或同事沟通?如何与学生交往?如何与家长联系?如何备好一节课、上好一节课?如何快速优质地完成各种任务与比赛?……这些,都在折磨着这些年轻人,让他们感觉到焦头烂额、犹豫不决、丧失信心,甚至绝望、后悔、纠结。有的愤怒过,有的抵触过,还有的喊过、哭过。每天,他们所应对的工作和事情很多,有来自学校的,如听课任务、教研任务、讲课任务等,也有来自上级研修部门的,如新教师培训、新教师竞赛、新教师展示等。

我想引领这些年轻教师走上自主成长之路,目的是给他们一点方向性的任务,希望他们未来能够走上名师之路,甚至能成为教育家型教师。我组织了一个"学习型自组织"——未来教师成长联盟,明确表示可以自愿加入,其实我是在试探这群年轻人的心态。结果,不出所料,刚参加工作的都报名了,因为他们刚入职,还"不敢"不遵从校长主导的工作,而毕业两年以上的老师,大多没有报名。我找到几个问他们:"为什么不报名啊?"他们说:"任务太多,太忙,怕没有时间完成您布置的任务。"我理解他们，但我却很失望。才毕业两年，就想着过早地退出循环。一般情况下，人们在尝试新的事物的时候，总是会遇到各种各样的困难，不同的人会在碰壁不同次数之后退出。学校推动的"青年教师三年成长计划"就是一个循环，过早退出的，往往发展后劲不足。

问题分析

对于教育这个行业而言，老师们虽然属于脑力劳动工作者，但是因为各种原因，似乎忙得不可开交，因此多数老师过着低品质、低思维含量的生活，机械重复自然成为教育的特点。甚至在当下的教育生态里，盲目效仿他人经验的现象比比皆是。学习是必需的，学习他人的经验也未尝不可，但是需要有自主思维参与其中，需要进行创造性的探索。

其实，最为关键的是，多数教师认为已经为自己所做的事情投入了很多的时间与精力，但这只是一种错觉。"投入时间"这个说法本身就是个荒唐的借口，实际投入的是时间和效率的乘积。为什么总是感觉每天有那么多的任务没有完成？是因为你把所有任务都当成了主要的任务，没有对这些任务进行分割。比如，我想在半小时之内批阅完一个班的作业，然后就认真专注地来做这件事情。否则，时间会被其他琐碎的事情给侵占了，不仅其他事情没有做到令自己满意，更重要的是批作业的任务也没有完成。再比如，我在值班时，往往给自己定一个目标——看一本书或写一篇文章，在值班的某一个时间段我会先把任务完成，否则，我会这里转转，那里逛逛，时间不知不觉就溜走了。

其实，还有一个潜在的原因：有些年轻人随着对学校文化环境、管理制度以及人际情况的熟悉，开始变得松懈下来，忘却了自己当初的梦想与初心。最不幸的是他们可能受到某些老教师的影响，要么效仿这些低效能老师的做法，要么恐惧身边有些同事的数落与打击。很显然，他们不自觉地步入了太过于依赖他人评价的生活中，没有了自己的主见与观念。

解决方案

我校推出了"青年教师三年成长计划"行动方案，这是一个相对完整且持续地推动青年教师成长的策略。主要内容如下：

（1）职业规划。

目标：制订个人职业生涯规划，形成"青年教师共同体"宣言。

操作：专家与团队成员深度沟通，帮助个人进行 SWOT 分析（态势分析）、梳理发展思路，并制订个人三年成长规划；了解大家对于共同体建设的具体意见，集思广益，形成团队行动公约和宣言。

（2）读书研讨。

目标：培养专业阅读的兴趣和能力。

操作：在阅读教练的引导下，组建读书会，确立书单，制定读书公约和读书会流程，每个月读一本书、组织一次研讨交流；每本书配备一位阅读教练，借助微信交流群，形成常态化的互动交流；每个月的读书研讨会，阅读教练到场或在线上参加。

（3）写作训练。

目标：培养教育写作的兴趣和能力。

操作：在写作教练的指导下，开展工作日志、读书笔记、教育叙事、教学设计或反思等方面的写作训练和交流；推动学员在正式报刊或网站公开发表作品；鼓励和引导个人或小组进行小课题研究，并撰写研究报告。

（4）教学改进。

目标：所有成员有意识地改进课堂教学，拿出新型课例。

操作：每个成员每学期上公开课一次，一名专家和若干团队成员听评课；每个学期进行一次课堂教学总结研讨，人人展示并发言，专家和成员点评。

（5）项目管理。

目标：个人或小组选取学校管理工作或教育教学的某个问题或任务，向学校申请立项。

操作：通过项目制的办法，鼓励青年教师锁定某个教育问题或承担某项工作任务，锻炼其作为项目负责人的策划、组织、协调以及解决问题的能力；学校根据项目开展情况和效果，予以适当支持和鼓励。

（6）学术引领。

目标：培养青年教师具备较好的学术思维和素养。

操作：鼓励和引导所有成员把日常工作和学术研究结合起来；每年组织一场学术年会，所有成员提交一份研究报告或学术论文，专家指导点评；选取优秀者作学术报告；组建青年教师学术委员会，在专家指引下，申报各级课题。

（7）课程建设。

目标：通过课程整合和开发的尝试，培育课程领导力。

操作：个人或小组确立一个课程目标，或针对某学科提出课程整合的思路和办法，或确立某个主题进行校本课程开发的构思和尝试；每个成员在实际操作中掌握课程整合或开发的大体原则和方法。

（8）自主提升。

目标：形成较为清晰的成长目标与策略，并能够系统阐述。

操作：总结形成个人的成长路线图与策略，能用一场演讲、一篇文章阐述自己的主张，并且成功应对各种质疑。能够借助三年的学习成果，把学习延续下去，养成自觉学习的习惯，制订出自己今后的成长规划。

在实施这些措施的过程中，首先要引领和激发青年教师的教育信仰。教育信仰，决定着一个教师的生存状态和职业旨趣。教育信仰，是教师回到教育原点进行追问的产物。作为教师，您将如何从心底里描述自己的教育行为？教书，挣钱，还是与一个个独特的生命相遇、用一个灵魂唤醒另一个灵魂？人是什么？教育的目的是什么？什么教育能真正朝向人的完善和幸福？这些最本质的问题是需要青年教师持续追问和反思的。

选择师范专业，您是否出于本心？千百次地游走讲台之后，您是否还在坚守自己的教育信仰，还会常常扣问自己的教育方向、听从自己内心的召唤？是浑浑噩噩误人子弟，还是兢兢业业教书育人？是照本宣科，还是以研究的心态做教师？是只围绕着分数精耕细作，还是教给学生一生有用的东西？……这些问题的答案都需要青年教师在实践中去寻找。

其次要引领老师专业发展的方向、内涵与方法，让他们清楚作为一名面向未来的新型教师，应该具备四方面的知识结构：通识性知识、本体性知识、条件性知识、实践性知识。

通识性知识主要指教师的文化基础和文化视野，包括社会科学、自然科学以及人文科学方面的知识和理论。这种知识是教师专业发展的背景性知识，是专业成长之树的庞大根系。教师应该适当打破专业壁垒。"读史使人明智，读诗使人灵秀，数学使人周密，科学使人深刻，伦理学使人庄重，逻辑修辞之学使人善辩；凡有所学，皆成性格。"培根的这段话尤其需要新型教师品悟。

本体性知识是指教师所教学科的专业知识，如语文知识、数学知识等，这是人们所普遍熟知、重视的一种教师知识，是教师胜任教学工作的基础。经过正规的师范教育之后，仅仅从知识授受来说，对于学生所需要的"一碗水"，大多数教师已够得上"一桶水"的标准。但在新时代，知识的加速更新和信息渠道的多元化、现代化，让教师一不小心就会落伍，要想在本学科领域成为行家里手，需要有终身学习的意识和能力。这些知识有时不仅仅是为了教学的需求，更是专业兴趣和知识本身的魅力使然。语文老师，你可以研究唐诗宋词、魏晋风骨，给学生开主题性讲座；历史老师，你可以研究某个历史朝代，成为某个历史阶段的专家……

条件性知识主要由帮助教师认识教育对象、教育教学活动和开展教育研究的专门知识构成。教育学和心理学知识被称为教师成功进行教育教学的条件性知识。从教之后，由于应试教育的环境使然，很多教师只忙于"低头拉车"，顾不上"抬头看路"，教育理论更成了"无用的空谈"。条件性知识的缺失是阻止千万教师从教书匠成为教育家的最大短板。教育实践发展到一定水平之后，必然产生对教育理论的需求，只是一些教师对此并不自知。当"一个偶然的机会"来临——读到了一部教育经典著作，接触一个理论根底深厚的名师，便会有了顿悟，甚至教育人生因此而发生转折。当你静下心来，走近一座座教育史上的精神雕座，走进教育理论，透过看似枯燥的文字，你会发现诗一般的教育应然状态。自此，你打开了一扇通达教育澄明的门，你会发现，你的教育行为有了根基，不再满足于依赖教参教学，而是在自己反思批判的基础上，逐步有了自己的教学风格……苏联教育家阿莫纳什维利说："如果教师并不感到自己是与夸美纽斯、卢梭、裴斯泰洛齐、乌申斯基、马卡连柯、苏霍姆林斯基等伟大教育家的精神息息相通的，那是怎么也算不得一个优秀的教师的。"

实践性知识是教师在其教育教学实践中实际使用和表现出来的知识，是教师内心真正信奉的、在日常工作中"实际使用的理论"。实践性知识通常呈现内隐状态，基于教师的个人经验和个性特征，呈现在教师日常的教育教学情境和行动中。教师的真功夫在课堂上，教师专业发展的核心是课堂教学能力的提升。教学机智是教师实践性知识的主体，是教师在课堂教学事件发生的瞬间迅速做出决定的智慧。实践性知识是教师独有的知识，是教师专业化知识中旁人无可替代的最具标志性的知识。北京大学陈向明教授说："粗略而言，教师所拥有的一般文化知识与其他文化人类似，所拥有的学科知识与学科专家类似，所拥有的教育学知识与教育理论工作者类似，他们的长处在于自己的实践性知识。而对这一长处认可与否或认可程度的大小，对教师群体社会地位和功能的确定具有重要的意义。"教育学者马克斯·范梅南说："教学就是'即席创作'。"面对一个个鲜活的、不断成长变化的生命，让我们在教育现场不断积累实践性知识，并为拥有这样的知识而感到自豪。

通识性知识、本体性知识、条件性知识是教师知识结构的三块"桶板"，任何一块变成短板，都会成为专业发展的绊脚石。而实践性知识是"箍桶"的"铁条"，这三块"桶板"只有通过"铁条"的整合才能内化为教师自己的专业素质。前三方面的知识归根结底是为实践性知识服务的，最终通过课堂教学实践产生影响。

新型教师，是在专业化道路上不断完善自身知识结构的教师。以研究的心态做教师，把教育与研究融为一体，是教师体验职业幸福的必由之路。同时，生活情趣是教师的"魅力之裳"，一个除了教授本专业知识而对其他领域毫无兴趣、不愿涉及的教师，可能会让学生感到可敬，但也会生出乏味甚至可悲。

在教育之外，我们需要有爱好和兴趣来驱走疲惫，放松情绪，享受生活，陶冶情操，提振精神。琴棋书画，打球游泳，养鱼种花，旅行摄影……新型教师，会把其中的一种或几种爱好作为自己的一种生活方式，时时擦亮心情，丰盈内心，舒展性情，增添魅力。

参考文献：

杨磊.新型教师：一个日渐明晰的形象［N］.教育时报，2012-01-04.

如何引导教师走上名师之路

⌄ **问题发现**

基础教育领域的教师，大多在循规蹈矩地完成上级业务部门和学校的规定动作，没有意识提炼自己多年的探索，形成自己的教学风格，继而形成自己的教学法或教学主张。一些比较优秀的教师，甚至是在当地有一定影响力的教师，当你问他们之所以成功，背后原因到底是啥，请他们描述一下自己的教学风格，归纳一下自己的教学主张时，他们并不能说出或写出自己的主张与风格。一些干了很多年的教师，当出现职业倦怠时，不能很快走出自己的职业高原期，进入再次快速成长的轨道，或者一些骨干教师很难成长跃升为卓越教师，从而走上名师之路，也与此有关，更遑论成为教育家型教师了。

还有一种现象，往往时兴教师学习外来经验或遵从专家指导，却忘了构建自己的教学主张。不少学校喜欢进行"一刀切"式改革，不去关注教师个性化的教学主张的生成发现，未能努力支持他们的改革创新，帮助他们成为一方名师。

⌄ **问题分析**

一个教师的教学法不是自然生成的，而是不断总结和反思的结果。但是，不少教师却不懂得去梳理自己的教学法，形成自己的风格，构建自己的教学主张，从而提高自己的教育理论水平，快速提高教学质量，把自己的研究成果分享给他人，形成一定的社会影响力，逐步成长为专家型教师和教育家型教师。未来深化课堂改革的坚冰难破，其中一个因素是教师教学主张的缺乏与模糊。

其实，理想的教育是教师能够创立自己的教学法，构建自己的教学主张，即使普通教师，也应该如此。当普通教师能够创立自己的教学法，能够按照科学和规范的程序对自己的教学经验、教学主张进行提炼和加工，并进行理性的升华、理论的提升，也就象征着他已经步入名师的行列。

一个名师，经过多年的教学实践与历练，一定会慢慢生成自己的主张，形成自己的风格。而他的主张，慢慢会与他的做人、工作、教学、管理等行为风格化为一体。待条件成熟了，就会变成学生、家长、同事所敬佩、可供学习借鉴的产品。他的主张和产品，不仅仅适用于个人，他人也可以学习效仿；不仅仅适用于一所学校，对其他地区的学校也有较强的普及意义与价值。

解决方案

王敏勤教授认为，普通教师也能创立自己的教学法。首先，为自己的教学法取个名字。很多教师经验丰富、成果不少，但是却形不成一个概念来精准说明自己的特点。起个名字下个定义，界定好这种教学法的内涵和外延，这样才能名正言顺。其次，说明环节和操作程序。一线教师最需要的是教学法是怎么操作的，即它有哪些教学环节和操作程序。再次，阐述依据和创新价值。最后，学会介绍实验或实践效果。人们关注一种新的教学法，最看重的往往是其教学效果。有些教学法需要对比实验，要说明实验的对象、时间，实验班和控制班的具体情况，对比的内容和考核的方法，还要说明实验中的控制因素和各种变量。如果没有严格的对比实验，也要用数据和案例说明在实践中的效果。

一名教师的教学法、教学风格，或者是他的教学主张，是在教学中自然表现出来的一种稳定的个性的教学面貌与图景，也是一个教师日益走向成熟的标志。它体现了一个教师独特的审美情趣、哲学思想、思维方式，甚至还能体现一个教师的气质、性格、能力、修养等多种个性素养。作为学校管理者，应引导教师充分认识、把握自身的个性特征，并按照课程标准、教学目的和审美诉求，鼓励他自始至终地贯彻运用于教学实践，使其逐步形成一种独特而稳定的样态，呈现出浓厚的个性色彩，散发出诱人的魅力。

比如，我在长期的英语教学实践中，悟出了指导毕业班学生英语写作的教学法，我把它命名为：初中毕业年级英语"三段式"写作教学法。

英语"三段式"写作教学法是根据初中毕业年级复习的特点和规律，根据《义务教育英语课程标准（2011 年版）》的理念和学生的迫切需要在实践中总结出来的做法。它既符合中考复习规律，又适应学生心理接受能力，使学生写作始终兴趣盎然。其简要操作流程如下：

第一阶段（第一学期 9 月—12 月下旬）：开放写作（open writing）。（1）听写结合；（2）说写结合；（3）读写结合；（4）译写结合；（5）赛写结合。

第二阶段（第二学期 1 月—4 月下旬）：引导写作（guided writing）。（1）写作能力的引导；（2）写作过程与技巧的引导；（3）文化意识引导。

第三阶段（第二学期 5 月—6 月上旬）：控制写作（controlled writing）。（1）课堂限时成文策略；（2）评价与反拨策略。

以上是基于学科的教学法的流程介绍，有的教学法是综合的，适合于多数学科。比如我做过一个课题"初中领导式教学实践研究"，引领学校各个学科的教师探索教育教学实践：作为领导者的教师，采用影响、激励和授权等领导策略，通过制定目标和计划、建立学习规程和检查评价机制等手段，激发学生的学习动机和积极性；以"问题"为课堂"主体"，构建课堂学习共同体，教师和学生均作为共同体中的平等一员，在课堂学习中高度追随"主体"，彼此都围绕"问题"发表见解，学生未经中介而直接接触"主体"，教师依据"问题"引领学生自主、合作和探究学习，起到示范、服务作用，以实现学生学习成功和达成课程教学目标的目的。

课题理论依据是中国领导式教学研究者薄蕊、鲁子问的观点：领导式教学理念的核心是以领导的方式进行教学，教师作为学习共同体的领导者运用领导策略引导学生学习。

余文森教授有一个观点，我非常认同。他说："如何从优秀走向卓越，走向真正意义上的名师？这一过程有很多制约的因素和条件。但是，从专业的角度而言，我认为最基础、最核心、最根本的是要提出、形成并凝练自己的教学主张，我称之为名师的专业生长点。"

教学主张的形成离不开理论研究和实践研究。而实践研究主要有三个层次：教学主张的教材化研究——使教学主张有根有源；教学主张的教学化研究——使教学主张看得见、摸得着；教学主张的人格化研究——使教学主张名师化、精神化。对名师个人而言，提出教学主张就是给自己树立一面旗帜。

为了促进教师形成自己的教学主张，我曾经联合北京本真教育文化公司，组织了一次"我的教学主张高峰论坛"。具体做法是：让参加活动的老师按自己的教学主张上一节公开课，然后再把自己的主张讲给大家听。我校参加活动的赵英娜老师的一些零散的经验，在活动准备阶段逐渐汇聚到一起，在学科组的帮助下，经过起一个名字、进行概念阐释、寻找理论依据、梳理操作流程等步骤，她的教学主张——"悦动语文"跃然纸上。我也会邀请一些有自己主张的名师走进学校，让教师零距离感受他们的教学个性与主张，从而形成对比，在差距中寻找自身的优势与特色，帮助教师构建和形成自己的风格与主张。

怎样让教师有信仰的空间

问题发现

职业信仰，决定着一个人的行走方向。教育信仰，通常作为一种意识深处的价值皈依，支配着教师的行为。当我们在心底里对"什么是真正的教育"之类的问题有了自己的答案，教育行动和自身的成长便有了准则和方向。

当然，坚守教育信仰的过程往往伴有痛苦和代价，因为当下的教育生态并不让人满意。现实中，学校精细严格的管理与控制性等级化评价、教师对学生成绩结果的唯一期许与对自己职称考核的过度关注、各级业务部门繁杂的评比培训任务与来自学生家长和社会的压力、缺少教师话语权的校园生活与各种强迫执行的改革创新和实验，挤压得教师失去了自己的生活与自己的兴趣，使教师像一个陀螺一样，甚至像一个木偶一样，被迫地跟随他人，带着镣铐跳舞。在这种情况下，是否还能坚守自己的教育信仰？这是很多一线教师总是在追问的一个话题。

问题分析

《2017 中国基础教育年度报告》中有这样两个观点："遵循教育规律与教师成长发展规律，全面提升教师素质能力。""创造条件帮助教师实现个体的职业价值，给教师提供更多专业支持，帮助教师从教育工作中收获价值感、成就感、荣誉感。"我认为报告中提到的这两个观点，对于教师队伍建设和教师个人成长来说，无疑是一种福音，也是回归教育发展规律与教师成长规律的必然，更是全社会尊师重教实现教育公平的新时代需求。而要实现上述教师成长与发展的理想状态，需要政府、学校和社会精心考虑与落实如何真正保证教师待遇、尊重教师劳动、鼓励教师学习、关注教师健康、减轻教师负担、研究科学管理等等问题。

教师这个职业是需要自由的，教师应该是一个自由人——思想自由、教学自由、创造自由，但体制不让他们自由。教师这个职业是需要研究的——读书写作、实践反思、理论探究，但繁重琐碎的事务抹杀了他们的兴趣。教师这个职业是需要成果的——教学主张、课程产品、教育思想，但僵化功利的管理模式忽略了他们的价值。教师这个职业是需要信仰的，但像工厂一样的学校，它的价值追求是淘汰劣质、次质产品。教师的使命是成就每一个孩子，但现实却让教师无能为力，他们在美好理想与现实无奈之间备受煎熬。他们都明白教育是需要情怀的，但是眼前的"利益"让他们不再向着远方遥望。他们不是没有过教育信仰，是一次次的"功利游戏"让他们失去了免疫力，变得不想更不敢有信仰了。

解决方案

如何尊重教师成长发展规律？如何帮助教师从教育工作中收获价值感、成就感、荣誉感？我想，这就要让教师拥有信仰的空间。

第一，让教师享受自由自主的时间。

回望我们的基础教育，到处充斥的是做题、考试，大家都在马不停蹄地、急躁地往前奔跑。在学校里，教师们的时间被塞得满满的，甚至很多教师需要加班才能完成领导安排的工作任务。这就把教师们的可贵的自由活动时间挤压到了极限，磨灭了他们读书学习的兴趣和欲望。每天摆在面前的教材、参考书、教辅书就已经让其生命的忍耐度达到了极点，谁还愿意回家后再次拿起书本？这就是我们当前中小学教师的生命状态，畸形的、违反自然的状态！

一线教师是无辜的受害者。苏霍姆林斯基要求他的学校必须严格遵守这样一条规定：让教师每周只有一天花费在理论研讨会、校务会或联合教学小组的活动上。这样，就可以把其他几天的时间都用在独立工作和休息上，用在跟学生们的精神交往上。教师之所以需要自由自主的时间，最主要的还是为了读书。教师若不读书，若没有在书海中的精神生活，那么提高他的教育技能的一切措施就将失去意义。他再三忠告：切勿忘记关注教师读什么书，他怎样对待书籍和科学。只有当读书成为一位教师重要的精神需求，只有当他不仅有书而且也有读书时间的情况下，他才有可能借鉴别人的经验。时间是教师的宝贵财富，应当通过巧妙地安排教育教学过程来珍惜它。

苏氏的要求和话语，对我们是一种警醒。不要让所谓的教学工作剥夺了教师的自由时间！不要让教科书成了教师和学生一辈子唯一阅读的书籍！

只有让教师拥有"自由、休闲和自主"的时间，教师才有兴趣读书，学生才有时间读书，读书才会成为教师和学生受益一生的习惯，构建学习型校园才有希望。

第二，要帮助教师找到自己的教学主张。

余文森教授认为："教学主张是教师从优秀走向卓越攀登的阶梯，是教师专业再发展的新的兴奋点和切入点。教学主张是培养和造就优秀教师的金钥匙。"

因此，要帮助教师从他的教学实践中寻找到与提炼出他的思考与想法，鼓励他逐渐由经验走向理论，走向一种独特的教育精神与教学文化。

教学主张就是教师的教学思想与教学信念，当教师形成了自己的教学主张，他就会表现出高度的教育自觉，因为教学主张让他有了更坚定的教学勇气，有了区别于他人让自己能更好地安身立命的资本与依靠，从此，他不再感到孤独。

第三，引领教师迷恋上自己研究的田地。

现实中的教师，为什么不愿意去读书，去探索教育教学的秘密，而热衷于重复传统的行为，每天都在为丧失自己的爱好和天性懊恼呢？教师返璞归真的生活在何方？

我认为，教师应如同农民一样，要有自己的"责任田"。有人说，给了一个班和一群学生，这不是他的"责任田"吗？我说这不是，这是分给老师们的具体的培育任务。教师真正的"责任田"，无需像农民的一样，由别人去量分，只要自己善于思考、勤于探索，就会发现"新大陆"。这块"责任田"就是自己发现的具体的研究领域。

作为教师，在自己发现的"责任田"里，必须热爱学习，把读书当成自己终身的事业，通过与思想相遇来学习教学，与导师相遇来学习教学，与具体研究领域相遇来学习教学。这有利于构建教师对自身和外部世界的认同。在自己的"责任田"里，教师会很容易地找到自己所教学科的真谛，唤醒自我意识，找回教学勇气。

当拥有了自己自主的时间，找寻并构建起自己的教学主张，能够自觉地步入自己研究的心灵田地时，教师就会在自己的领域里尽情地挥洒汗水，过一种田园式的生活，慢慢地思考、耕耘、收获，就能有机会和空间产生自己的信仰，且下定决心一生都敬畏自己的信仰，遵照信仰过一种幸福的教育生活。

怎样让每天忙碌的教师喜欢上读书

▼　**问题发现**

　　作为教师，是教人读书的，自己必须是一个读书人，读书是教师生活中不可或缺的内容。但目前的现状是，读书的教师却很少。

　　如果罗列一些教师不愿意读书的原因，可以很轻易地随手写出很多条看似十分正确的原因来：

　　薪水卑微，没钱买书读；繁杂的教育教学活动和琐碎的家务事情，让教师无暇顾及读书；应试教育没有让这些教师养成读书的乐趣，应试教育不需要读书；受社会浮躁风气影响，校园读书氛围差，想静下心来读书很难；读书不能带来立即看得见的好处，就把时间放在可以带来好处的那些事情上了；教育的管理机制与学校的考核制度过于关注学生成绩，导致教师把大量时间花在研究教辅上，教育类专业书籍读得却不多；等等。

　　当下有不少学校组织读书活动，有以学校的名义组织的，有以民间团体的名义组织的，可谓一时掀起了读书热。

　　这是一件很好的事情，大家都意识到读书是教师的第一修炼，是对生命成长的一种积累和完善，是对精神世界的一种重建与修补，更是一种很好的备课方式。

　　理想是丰满的，现实却是骨感的，一阵读书热之后，热情激昂的参与者能不能长期坚持下去？

　　往往会出现以下现象：要么参与者越来越少；要么无疾而终，不了了之；要么觉得读了几本书却没有多少用处。

随着教师待遇的不断提高，绝大多数教师不读书照样能过上比较得体、悠闲、舒适的生活。有的教师这样说："有了常规的标准、规范，以及上级、专家的指导，我没有必要把自己从大多数中孤立出来，强迫自己去读书。"

教师作为心智比较成熟的独立个体，是自我教育者。教师的教育梦想和情怀，教师的那份童心，以及对教书育人的执著与坚守，这种源自内在的力量，是教师发展的根本动力，是任何外力都无法取代的。因此，自主成长，自觉阅读，这才是教师生命的底色，是教师职业生命能够永葆活力和青春的动力源泉。

解决方案

我是按照以下措施来引领和鼓励教师个人或团队读书的。

第一，帮助教师制订清晰的成长规划。教师对自己未来发展的可能性要有明确的定位，根据职业规划定制自己的书单，有层次地、有选择地、由易到难地开展阅读。比如，你想三年内成为一名骨干教师，那就应该围绕这个目标来阅读，并预设好读什么书、读多少本、怎么读、读后怎么转化为知识等。

在阅读共同体活动中，要重点关注以下两个目标：一是获知他人的见解和思想；二是检验自己的观点和逻辑。作为成长伙伴，不能满足于教师这一个体制内的身份，还要有另一身份，即基于民间的身份，共同谋划做一些事情，从而为改善自己的生存，为改善教育、教师生活做更多的事情。如此，这个读书共同体才会有吸引力和生命力。

第二，引导教师进行深度阅读。不少教师的阅读只停留在浅层次，如听书、自己读书、摘抄好句，因此教师感觉不到读书的作用，所读书中的思想与方法也很难运用到自己的工作中去，便觉得阅读无用。应该向深度阅读出发，比如读完了一本书可以写一篇阅读心得，并在自己的工作中进行实践操练、学以致用，让所学知识有机会获得转化。深度阅读后不仅仅要践行操练，还要把新知识链接到原有的知识结构中，通过阅读牵出自己的观点，写下来与大家分享，逼迫自己原来的知识结构对新知识做出反应，阅读的成果也就诞生了。

第三，启发教师要有产品意识。什么是产品？案例、课例、论文、随笔、论著等都是，但是多数教师在这方面普遍意识和能力不足。比如，课上得很好，教学质量也很高，如果让他说出背后的原因与依据，便说不出来，让他用文字对自己的经验或主张进行梳理、总结、提炼、提升，就更困难了。

教师要教书，要读书，更要写作，哪怕读者只有自己一个人。教师应该养成写作的习惯，写作是一种最好的反思行动。反思教学有利于教师从感性认识上升到理性认识；有利于教师开展教学研究，形成自己的教学风格；有利于教师拓展知识层面、推动教育教学创新，发现适合自己行动的最佳方案。如果把写作变成了自己的日常生活方式，它就会成为助推自己成长、改进教育教学策略的有力工具。

有了产品后干什么呢？要主动创造机会寻找转化、认可与回报的平台。比如，要有发表意识，发在自己的微信公众号上，或向一些报纸杂志投稿。要把产品转化成解决教育教学问题的方案，形成自己的话语体系，然后在实践中进行验证，指导行动，凝聚影响力，追求高品位的专业发展，做好自己的事业，丰富自己人生成长与发展的可能性。

阅读共同体要把这些生成性、创造性、实用性的新颖且独到的方案收集起来，放在自己团队的智库里，一起做一些教育教学方面的研究课题，待成果成熟，形成产品，以方便他人学习和借鉴。当自己的劳动成果在实践中有效果，被他人认可且学习借鉴，有了一定的影响力，自然会享受到真正的读书乐趣——原来读书还有这么大的意义和价值！

如何让中小学教师的培训更有效

问题发现

关于中小学教师培训，有不少一线教师并不愿意参加，甚至有时还很抵触，我发现了如下几种现象：一是培训名目级别繁多，培训目的、内容与时间比较混乱，增加了教师的负担。二是理论理念型培训较多，能够接地气、操作性强、有实效的培训少；泛泛而谈的多，专题性研讨少。三是培训方式单一，讲座式培训多，体验与合作式培训少。教师更希望与同行交流和分享他们的成功经验，结合实践工作开展行动研究和探索，然后是系统的主题学习，这样能促进他们教育观念的提升和工作方法的转变。四是学校校本培训意识淡薄，缺乏有效的设计与操作。教师自我学习，追求自主成长的自觉性较差。

问题分析

单独就一个学校来说，安排的培训并不多，但是由于上级教委科室部门较多，单就一个部门来说是不算多，但是当每个部门都想组织培训时，各类培训名目就多了。再加上各个级别都想组织培训，如校级、区县级、市级、国家级，如果这些培训不加以整合或甄选，要求教师都必须参加，那肯定会增加教师的负担。

再就是学校或个人过于依赖上级一些部门或专家的培训，对于自己单位的培训如何组织、培训什么内容等缺少思考，拿不出好的方案。比如，对于培训的内容，教师希望更多地结合案例来展开，报告应尽可能避免高深的理论背景，删除理论上"必要性分析"和"发展脉络"的讲述；教师喜欢专题研讨和学习，在提出问题的基础上进行现场答疑。对于培训时间，教师大都希望最好在工作的同时兼顾学习和培训，一方面能把所学及时用到实践工作中，另一方面不希望因为培训太多挤占了自己的假期休息时间。

解决方案

在此，我想提三个建议，并且提供几种有效的校本培训方式。

一是建议上级各部门要在广泛深入调查教师的培训需求的基础上，精心设计培训内容，选择多种培训方式，灵活安排培训时间，为中小学教师提供业务工作开展和专业成长方面多类型、多层次的培训大餐。培训务必从内容到形式，从数量到品质，都要进行有效整合与选择。培训内容要聚焦实践，聚焦到具体技术，聚焦到具体课程或项目，聚焦到教师个性化团队甚至个人，根据一线教师的需求、学校的课程与教学改革理念，进行精准有效的对接式培训。

二是要相信教师，对于日常的常规评价，最好淡化量化评比。管理要专业化。也就是说，学校的各项工作要有研究的意味，让教师懂得做好日常的实践、身边的事情就是在做研究。并且，结果要成果化，帮助教师把自己的个性化、零散的实践探索物化成一系列的成果。教师们看到了自己实实在在沉甸甸的劳动收获，就会从内心诞生出一种不断前进的动力，由被动工作变成自觉行动，学校的管理成本就会降低，剩下的事情就是为教师专业成长提供平台与载体、进行专业引领与指导、发现其闪光点与实践成果、不断进行鼓励与支持。这是一种自生状态的培训，一旦做好了这些事情，学校以外的有些培训可以根据需求进行选择，有些不必要的培训可以不参加。

三是创新校本培训方式，提高校本培训效力。

第一种，综合＋菜单自选。教师个体发展中的差异性和多样性应该是培训组织工作中不能忽视的一个问题。教师更愿意采用"专家提供培训菜单，由受训教师自选内容"的方式接受培训教育。以短期集中培训为例：一个为期五天的培训可以设计为"两天综合培训＋三天的菜单自选式培训"。具体做法如下：

两天为综合培训。主题为多数教师均可接受的培训内容，如班级建设的技巧和策略、组织管理能力等。由于教师的受训需求可能是阶段性的、动态化的，因此，可在培训前一个月对教师进行问卷调查，找出现阶段需求量最大的方面来确定综合培训的内容和培训专家，体现培训人本化。

三天为菜单自选式培训。根据不同教龄结构、不同能力教师的需求，每天安排3～5个分会场，甚至每半天安排3～5个分会场，进行不同专题的培训，每个专题可以根据受训教师的需求安排1～3个小时。例如，可确定这样的培训专题框架：关于了解和研究学生的能力；关于处理偶发事件的能力；关于协调各种关系的能力；关于终身学习、持续发展的能力……

第二种，自定义专题讲座＋研讨。为提高讲座内容的针对性，可以在培训前引发教师反思自己实践中所产生的问题，然后将有共性的问题归类总结，确立几个专题作为讲座的内容，也可以将这一部分确立的专题作为"菜单自选式培训"的内容之一，由教师根据自己所提出的问题选择分会场。这种形式的好处在于：所做的专题讲座是所有在场受训者所感兴趣的，会加大他们受训的内驱力，还会在随后的研讨中引发他们积极的思考和参与。有志进行课题研究的受训者可以在讲座和研讨结束后，将他们的问题转化为研究课题。

第三种，同课异案展示＋答辩式点评。在案例展示与研讨时，可让地域、学校、资历、年龄、性别、年级等不同的至少三位教师以同一个课例为内容，进行方案设计，这样利于教师之间的取长补短，受训者能获取更多的教育教学设计信息，开拓思路，并能让不同地区、不同学校和不同生源的教师均能收获对自己有用的信息。这样的培训，能让广大教师发现自己的潜力，寻找到自信，并不断产生持续发展的动力，有效消除发展的畏惧心理。借助于同伴的启发指导，教师能很快从细微的环节发现自我的进步。这种软着陆式的培训方式是人本的也更现实的校本培训。

步骤一：每人讲授 10～20 分钟，在一个小时之内就可以完成三位教师的研究方案展示；

步骤二：听众用一个小时的时间进行点评和研讨；

步骤三：三位教师根据听众提出的不同意见和建议，结合自己的反思和调整，进行二次设计；

步骤四：教师展示后写教育教学反思，其他听课教师写"研究心得"。

在点评时可采用"答辩式点评"的方式，由点评的教师向展示教师提问，还可追问，引发其他教师的思考。为扩大参与点评的教师面，可采用"1+1"的点评方式，每个人只说出"我认为其最成功之处及需要改进的一个地方"，同时还要说出"如果我来设计，我会……"的改进建议。

第四种，教师自助培训计划。（1）个人读书计划。读书育人是教师的天职，这决定了教师首先应该是读书人。读书可以让人明智，可以帮助教师逐步拥有自己的读书思想，不仅可以让教师从繁忙的工作中挤出一点时间充实自己，从书中汲取更多的教育管理思想，还可以从书中找到自己教育教学管理方式的反思依据。（2）教育管理咨询顾问。由教师自己寻找一位具有一定教育理论和教育教学管理水平的教育专家或县区级以上优秀教师作为自己的教育教学咨询顾问，在遇到教育教学管理上的困惑时可以及时得到帮助。

第五种，异校伙伴互助计划。教师可以在同类别的其他学校中，寻找一位或几位教龄、生源等相近的教师组成互助伙伴，可以经常性地进行课堂教学观察、交流教育教学管理经验、相互交换课程教学资源，在合作中促进自我发展。

怎么激发中小学教师的学术研究兴趣

∨ **问题发现**

在与不少中小学教师的交流对话中，我捕捉到很多教师对学术研究这件事情普遍存在畏难情绪。有的认为学术研究离自己很远，是一件高不可攀的事情；有的认为中小学教师做学术研究对自己的成长与教学工作没有多大用处；甚至还有的认为，谁的成绩好，谁就是好老师。成绩好了，评先树优都优先，说真的，与其坐下来读书做研究，还不如带着学生多做一些考试题好些。

下面这两种现象也干扰了中小学教师做研究的兴趣，误解了学术研究的意义与价值。一是一些油水分离，只有开始，没有过程，却有"结论"的课题研究，异化了一线教育研究的本意，使教师认为搞研究是虚假的事情。二是论文发表与获奖事件的乱象。听听这位教师的言论："我也想整理自己的教育思想，可整理出来有什么用呢？我想好了，等晋级用论文的时候，我就花钱买一篇。"此番话揭露了学术上的不端现象，同时也可看出一线教师对学术研究的误解。

∨ **问题分析**

长期以来，一线教师通常认为自己处于知识生产和消费的流水线末端，知识由专家们来生产，而教师的任务只是消费知识而已。现实中的教师专业发展多注重利益的驱动，却忽略了生命意义的心灵引领，没有抓住教师发展的命脉。

我认为，一名完整的教师，不仅要以知识和思想表达为工具开展精神影响活动——教学，同时也要进行知识和思想的生产与创造——学术研究。学术研究不是教学，但它和教学是密切联系的。

我期待着能成为教育自由人，拥有教学自由和研究自由。先说一下教学自由，它是教师在教学活动中所表现出的一种专业自主，是发挥教师主体性之自由。教学要以千差万别的个体生命为中心，生命的差异性决定了教学活动必须具有创造性。即便是对知识的教授，也要根据自己的理解和学生的实际情况进行重组。因此，教学自由是教师创造性教学的源泉，是教师个性发展的引擎。

再说一下教师的研究自由。研究是教师生活返璞归真的一种方式。我认为，教师应如同农民一样，要有自己的"责任田"。这块"责任田"就是自己发现的具体的研究领域。作为教师，在自己发现的"责任田"里，必须热爱学习，把读书当成自己终身的事业，通过与思想、学习和具体研究领域的相遇来提高自己的教学能力。

∨ 解决方案

中小学教师要不要做学术科研？要做怎样的学术研究？下面把我所理解的以及实践多年的学术研究的四种理念与策略介绍给大家，期待大家的指正。

一、把读书变成教学的工具：一线学术研究的本然路径

教师这个职业，是要求我们每一个人都成为终身学习者的。照理说，作为人类文明的传承者，作为相对意义上的这个社会的精英阶层，教师应该是比较喜欢读书的。对教师而言，读书首先是自己生命成长的一种积累和完善，是对自己精神世界的一种重建与修补。

曾经听过青岛苏静老师的课，她最大的特点是诗词曲赋、经典名句的

运用如囊中取物，信手拈来。我不禁惊叹她超凡的记忆力，惊叹她丰富的语言积累。我想，只要一个人的脑海中装着中国古典文化最精粹的篇章，自然会居高而临下，出口而成章，妙语成连珠。

回想以往有些教师的教学，或许也有文本以外的拓展与延伸，但那仅仅是蜻蜓点水，浅尝辄止，既没有系统地去查阅资料，阅读相关的文献，也没有系统地构思，设计呈现形式。而苏静老师，却能把一篇《燕子》上成一堂文学综合课。从朱自清的《春》到钱钟书的《窗》，从陆游、唐婉的《钗头凤》到南唐后主的李煜的《虞美人》，再到德国的里尔克，春天成了课堂的主话题，穿越了时空，穿越了国际，流淌在学生心间的，是对文学深邃的理解，对人生深刻的感悟。

苏静老师的诗意语文与精彩展现，正是她所读书的经典诠释。教书的根在于读书，教师读书是最重要的备课。教师不读书，就会切断文化与思想的命脉，教育教学的底气与灵气便会被吞噬掉。试想，一个教别人读书的人，自己却不读书，这可能是中国最滑稽怪诞的一件事情。

我经常对老师们说，教学改革与创新并非一定要出去向他人取经学习与效仿，根据自己读的一本书就可以进行教学改革与创新。从研究的角度看，读书正是一线教师与生俱来的学术研究之路，是走向教育的幸福之路。

二、用实践性知识指导课堂教学：一线学术研究的必然选择

课堂是教师自我修炼的重要场域。教师的智慧能引爆课堂的创造性。教师能创造令学生终生难忘的学习场景，让学生体验到思考的艰辛与愉悦，点燃起学生探索大自然与科学奥秘的好奇心，领悟到生活的意义和生命的价值。学生的行为与能力发展方向，在很大程度上关乎课堂教学的质量，而课堂教学质量又关系着学生的精神品质的塑造、关键素养的培育。

教师教学水平的提升是一个厚积薄发的过程，课堂教学不只是一种简单的技术操作。教师只有拥有广阔的专业知识背景，才能透视并了解教育的真相，才能理解课堂的本质，使自己的课堂教学充满智慧。

这就需要教师在长期的教育实践与探索中培育自己先进的教学理念，

形成自己的教学风格与主张。一名教师的教学风格，或者是他的教学主张，是在教学中自然表现出来的一种稳定的个性的教学面貌与图景，也是一个教师日益走向成熟的标志。它体现了一个教师独特的审美情趣和思维方式，甚至还能体现一个教师的气质、性格、修养等多种个性素养。教师应充分认识、把握自身的个性特征，并按照课程标准、教学目的和审美诉求，自始至终地贯彻运用于教学实践，使其逐步形成一种独特而稳定的样态。

一线教师的课堂教学实践性知识无穷无尽，只不过很多教师并没有去主动重视、积累和管理自己的知识。北京大学教育学院教授陈向明先生认为："教师所拥有的本体性知识即学科知识，应该等同于学科专家的知识；教师所拥有的条件性知识即学科教学法知识，则类似于教育学、心理学、学科教学法专家的知识。"实践证明，教师通过对自己教育教学经验的反思和提炼所形成的对教育教学的认识，就是一种独特的知识结构。这种知识的涵盖面很广，可以包括教师的教育信念、自我知识、人际知识、情境知识、策略性知识、批判反思知识等。它不仅包含教师在实践中形成的自己个性化的教学机智和教学风格，也包含教师对学科本体性知识和教育条件性知识的创造性应用。因此，在这个意义上，教师的实践性知识并不缺乏"理论"成分。

基于以上认识，我们应该抛弃传统的陈旧思想，让中小学教师珍惜和尊重他们的实践理念，让他们的课堂教学知识合法地进入学术台面，并能被深入挖掘、表达、系统化。而这正是中小学一线教师学术科研的意义所在。

三、在教学反思中构建教学方案：一线学术研究的由然考量

四川名师谢云认为：每个老师，站上讲台，可能一讲就是二三十年。那么在这二三十年的工作时间里，每个老师可能要上数千乃至上万堂课，第一堂和最后一堂，公开的和私下的，这些课肯定是不一样的。甚至可以说，这一堂课和上一堂课是不一样的，自己的这堂课和别人的那堂课，肯

定也是不一样的。无论是教学的方式，还是方法，无论是教学的过程、得失，还是感受、体验或者是教训，完全不一样的，如果没有记录，到最后退休的时候，我们用什么来证明自己曾经上过成千上万堂课？我们用什么来证明我们曾经站在讲台上，曾经教过那样多的学生？这是很多一线教师需要郑重思考的命题。

实践成就教师的底气，阅读滋养教师的灵气，思考提升教师的锐气，写作造就教师的名气。教师要教书，要读书，更要写作，哪怕读者只有自己一个人！我们读一本书，我们写下一个词语、一个句子，可能都是对中国教育的一种改变。

作为一线中小学教师，我深知，撰写随笔是一种最好的反思行动。反思教学有利于教师从感性认识上升到理性认识；有利于教师开展教学研究，形成自己的教学风格；有利于教师拓展知识层面，推动教育教学创新。

我特别心仪教学反思，撰写反思已经成了我的日常生活方式，成了助推我成长、改进我的教育教学策略的有力工具。通过写教学反思我学会了用自己的声音对各种教学策略的情境做出解释，这种解释可以使我更清醒地看到自己的教学决策过程，发现适合自己行动的最佳方案。

四、教学成果引领教学改革实践与创新：一线学术研究的应然追求

教育部从 2014 年开始，启动全国基础教育教学成果奖评选，各省也纷纷组织评选活动，但是多数一线教师却并不知道这件事情，更不懂得如何来提炼教学成果。期待大家今后都能够有意识和能力提炼自己的教学成果，这是一件很有价值的事情。

教学成果是指反映教育教学规律，具有独创性、新颖性和实用性，对提高教学水平和教育质量、实现培养目标产生明显效果的教育教学方案。这一界定包含四个要点：独创、新颖、实用和方案。对此处的方案所形成的共识是：有目的、有计划、有组织、成系统，并对"提高教学水平和教

育质量、实现培养目标产生明显效果"的教学活动。其中，教学活动并不限于课堂教学或新课改；明显效果须用持续"两年以上"的实践来证明。成果多为持之以恒、长期探索的结果。很显然，教学成果不同于教研成果和教科研成果。

教学成果聚焦改革重点、难点问题，反映基础教育教学改革与实践探索的重要成果，其内容涉及课程、教学、评价、资源建设等方面，可以是综合性的，也可以在某些方面有所侧重。

从实践导向出发，教学成果的产生必须直接介入实际的教学过程，其形式是经过实践检验的教育教学方案。论文、专著等必须转化为实践方案，接受实践检验，对教学成果起支撑作用，其本身不是教学成果的主要形式。因此，教师要学会探索合适的成果物化形式，如教学设计、教学策略与模式、课型课例、教学指南等。

大家还需厘清下面几个概念：教学成果有科研的成分但不是科研；需要理论、论文但不是论文；奖励的对象是个人或集体但不是评选先进；需要付诸实践、过程体验但不是直接经验。教学成果的本质是教育工作者在教育教学实践活动中所做出的创造性劳动。

中小学教师成为研究者，是新课程改革的重要理念，也是对教师提出的更高要求，是促进教师专业发展的必由之路。教师成为研究者，能使教育教学研究更直接地回到教育本身，走进教育的生活世界。

我比较认同"教学即研究"与"教师即研究者"这两种说法。一线教师没必要刻意追求高深的理论，应该回归到课堂教学这一原点，用自己的生活体验与生命体悟，聚焦真实教学问题，探寻本质课堂创造，把学术研究始终植根于教学生活的真实情境之中。

参考文献：

柳夕浪. 教学成果这样培育［M］. 北京：教育科学出版社，2019.

如何跳出绩效考核的怪圈

问题发现

为了激发教师的工作积极性，引领教师的专业成长，迅速提升教育教学质量，学校往往会制定一些制度或措施，对教师进行量化考核，针对考核结果会发放适当的绩效工资或物质奖励。

常常与一些老师聊天，当谈到类似话题的时候，往往会引起一系列的不良情绪反应。比如：有的说，绩效工资不能从我们自己的工资里扣除一部分作为学校集体性奖励，因为我们会感觉是在赚取同事的钱，如此，同事之间相处会很尴尬，绩效工资应该是财政部门单独拨发给学校再做分配。有的说，为了不引起大家的矛盾，考核标准设定的人与人之间的绩效金额差距很小，这就起不到激励作用；如果差距大了，则因为考核制度做不到科学合理，不能真实地体现教师劳动的具体特点，不能公平地落实多劳多得的发放原则，致使大家意见纷纷，影响部分人的工作状态。

问题分析

实施绩效考核，本意是好的，一是想让老师们有更多的收入，让干得多、干得好的老师得到应有的回报；二是想通过绩效的过程考核与绩效工资的兑现，调动起老师们的工作积极性，让工作更加有效质量高。这样的想法理论上是没问题的，但是到了学校这个具体的场景里，由于教育本身的复杂性与特殊性，有些工作是靠良心来经营的，课程表以外的很多工作看不见摸不着，很难进行精准量化。

绩效奖励是一种善意的奖赏式领导，但是却低估了教师的道德判断。这种领导思维方式刻意使人趋向自利、个人满意，并将其当作驱动动机，却忽略了人类本性中自利以外的精神和道德层面的因素对人的能力与需求的激发。

解决方案

一是关注教师行为背后的成长信念或信仰。

用奖惩的方式来激励教师的行为，其长期效果会使教师缺乏归属感，丧失自信心。惩罚会造成教师的抱怨和抵制，而奖励会使教师过多地依赖于外在动机的刺激，不再去主动寻求自我劳动的价值所在。有的学校，更多关注的是教师为学校争得了多少成绩或荣誉，很少去关注教师自身的生命成长。

我始终相信，教师对自己教育与教学工作所带来的创造性智力劳动过程和挑战有着大然的兴趣；对于进一步的学习与成长，或者是更加投入地实践研究自己的课程有着本能欲望；对集体、社会的正义感和对学生的尊重热爱有着内在的冲动与情感。

2018年1月31日，中共中央、国务院出台了《关于全面深化新时代教师队伍建设改革的意见》（以下简称"《意见》"）。《意见》明确提出：遵循教育规律和教师成长规律，造就高素质、专业化、创新型教师队伍，不断提升教师专业素质能力。作为一名有十几年经历的校长，我深知，仅仅依赖物质方面的外在刺激是不能真正唤醒教师渴望成长的内心的，也无法达到《意见》所提出的要求与标准，更不能使教师把成长作为自己一生的自觉习惯与信仰。为此，我做了以下探索：

送给教师成长的基本信念，即自主发展。教师作为人格与情感相对独立的个体，是自我教育者和领导者。这种源自自身内在的力量，是教师发展的根本动力，是任何外力都无法取代的。教师拥有"思想自由、教学自由、研究自由"的独特优势，规划自我，造就自我，成为更好的自己，是教师自主发展的目标。

鼓励教师自发组建成长"自组织"，实现同伴互助。教师发展需要一个思想不同、目标一致、去中心化的成长"自组织"，在这里，教师相互学习、相互唤醒、和而不同、携手共进。比如，我校目前就有"教师领袖成长俱乐部""青年教师成长联盟""未来教师发展共同体"等多个"自组织"。对一个学校而言，从自上而下的线性教育结构到自下而上教育"自组织"的涌现，标志着一种教育新生态的形成。

协助教师把握成长契机。无论新教师的成长还是中老教师的职业突围，教师的每一个成长阶段，都离不开外部条件及外力作用。在教育生涯中，教师会遇见各种人物，其中必有一种属于"重要他人"，这个人在教师的生命成长、情感培育、思想形成、专业发展中起着关键作用。教育领导搭建平台、创造关键条件，教师把握关键事件，就显得很重要了。关键事件在人的性格塑造、事业发展、命运布局中起着关键作用。

助推教师修炼学力，做到知行合一。"阅读写作、课例研究、课题研究、课程建设、研学分享"，一直是我倡导并极力推广、认真践行的教师成长模式。从单一的就"教研"谈"教研"中跳出来，把教师带向自由研究的理想领域，练就读写力、研究力、实践力、行走力和分享力。系统组织多种主题教育活动，不断打开固化的思维，解放教师的职业兴趣，努力攀登教育高峰。

二是改善基于学校办学理念的组织建设。

刚到学校的时候，我听到的声音更多的是抱怨生源太差，家长不支持老师的工作。还有的老师说，我们不是不想干，但是不知道到底怎么干。我知道，这是因为没有一个明确的办学理念的指引，老师们缺乏科学有效的行动策略，感觉有劲没处使。我采取的具体措施如下：

价值领导。学校办学宗旨不够清晰，价值观不明确，共同行动以及文化特征等残缺不全。面对学校如此现状，我找到了一句能够打动教师和学生心灵的话——成就每一个人。学校里的所有文化环境元素、人与物、时间与空间都以互相成就为宗旨，在此宗旨下的所有目标都会伴随着真善美的行动，以期重塑学校文化生态、落实新时代立德树人根本任务。我校的校训沿用了总校的校训"好好学习　好好学习"，它是1952年六一儿童节期间毛主席为学校写的题词。这是学校文化的传统源泉。教育现代化的根本是人的现代化，未来社会是学习型社会，其终极目的是成就每一个人，让每个人的生命都出彩，让每个人都具有终身学习的习惯和能力。课程改革新理念也提倡学校要提供多样的课程供学生选择，创设更丰富的学习方式满足学生学习，促进学生"德智体美劳"全面发展。在此教育价值观指引下，学校开启了"'全学习'课程改革与育人模式创新实践研究"。"全学习"包括：在学科中学习，这属于国家课程范畴，在课程建设上要回归课程本位，突出其育人价值；在文明中学习，重点放在中华优秀传统文化和红色文化课程的建构上；在健康中学习，让教育贴近生活，把"对人的培养"作为出发点和归宿；在创造中学习，开发学生的潜能，丰富学生的实践经历；在服务中学习，鼓励学生积极参与社会大课堂，走进社区，走向社会。

单点突破。学校是一个存在规律的生态系统，不同起点与环境下的学校其治理逻辑是不一样的，作为一所普通薄弱学校，需要潜下心来，着眼未来，从小处着手，运用微创新领导力，撬动学校管理固化的坚冰。一次在教学楼里转，偶然走进了一个房间，发现有数摞教案本。我随即抽取了几本，认真看起来。令我吃惊的是，这些教案是手写的，内容简单、格式雷同——不是为了当时的课堂和学情准备的，而是为了应付学校的检查而准备的。我进行了翔实的调研，原来学校没有科学的教学理念引领与有效操作方式的指导，老师们各自为战，新的学习方式很难在老师的课堂里出现。更为重要的是，检查结果会与老师的绩效工资挂钩。我当机立断：第一，取消把教案检查结果作为教师绩效考核的指标；第二，为老师提供先进理念指导的备课方式作为参考；第三，学校教学服务中心进行不断的调研诊断，组织研究课，及时发现问题，改进问题；第四，绩效考核制度的指导思想、原则、内容、标准等一定要在学校价值观的统领下，根据学校实际发生的各种变革与创新行为来制定，一切操作流程要追求民主决策、司法公正的原则，进行公平竞争。

在日常的工作场域，学校的各项活动，人与人之间的对话，其主题与内容都会围绕学校价值观，聚焦绩效考核内容与标准，力争做到在过程中追求绩效考核制度中所涉及的活动的创设与工作的效益。淡化考核教学成绩、教学设计等常规材料、日常校本教研等数据。比如，教学成绩划分等级，只分为优秀与合格，且区分度不高。对于教师的一些常态材料不进行打分或等级评定，只在平时进行专业指导，最后与绩效考核无关。对于教师的日常工作不进行量化考勤。

这样一来，老师会把精力用在过程性的工作与活动中，最后的结果大家都心知肚明，也就是说自己就能知道结果，因此，淡化了结果对教师情绪的影响。我坚信，这样做不会影响教学质量，因为我们的过程工作做得很扎实，并且也很专业。

三是关注教师的精神品质与内在激励。

我们应该潜下心来，拒绝浮躁，谨慎采取热衷外在经验的效仿学习方式，更多地以教师精神、信念、责任等内在的激励为领导假设，以引领教师研究项目为基础，尊重教师的实践探索成果，改善学校治理机制，鼓励教师改革与创新。比如学校"教师领袖"的认定活动，就是针对一些有责任担当、有创新精神、有道德权威的教师群体。这就走出在个体利益之下促进公共利益的固化思维藩篱，开启学校生活真正有意义和价值的动机情感源泉，走向由下到上自觉创新、自内到外专注研究，永远充满活力的旅程，从而发展一种基于专业、精神、责任和道德权威的领导实践。

以上三种实践行为，把广大教师的教育情怀、改革创新意识、敬业奉献精神，以及其责任感、担当精神、道德力量给激发出来，把教师引向追求生命成长、专注学习研究、享受教育创造的乐趣。

参考文献：

萨乔万尼. 道德领导：抵及学校改善的核心［M］. 冯大鸣，译. 上海：上海教育出版社，2002.

如何重建师生关系"倒逼"教师改变

⌄ **问题发现**

　　有个学校的校长向我咨询课程改革的事情，我建议他不要仅仅做局部或单一的加法式的改革，不能仅仅从一些简单的方式上寻找改变的机会，应该调整学校的治理结构和课程结构。比如：学校管理实施分布式领导，让每个老师都成为课程的领导者和构建者；压缩基础课程的课时，拿出一定课时实施阅读课程与实践课程。但是该校长表现得很为难：上面教育局考核我们的教学成绩，基础课程我们是不敢动的，想动老师也不会认同的。

　　曾经走进某地两所学校，一所市级小学，一所城乡接合部农村小学，与其校长和老师交流，也有一些类似的感受。其中一位校长领我参观了他们学校的足球展览馆，其足球课程的确做得不错，看操场上学生的状态、放学时学生的秩序，可以看出该校的管理是比较到位的。学校开设了很多选修课，也有社团活动，应该说是一所规范先进的学校。但是我隐约体会到，学校的最大问题在于课堂，班额太大，一个班有 60 个学生左右，教师观念落后，重教轻学，存在对基础课程不敢进行大刀阔斧改革的问题。

　　另一位校长和他的老师给我介绍了学校的校本课程，其名称为"YUE动"课程，即从"阅、悦、乐、跃、越"五个维度开发了十几种课程，以社团的形式在某一固定的时间实施，按理说作为一所农村学校做到这样已经不错了，但是当我问及他们的基础课程是如何进行改革的，皆说因为怕影响成绩不敢行动。

上面两所学校均进行了相应的课程改革，但是也都不同程度地受到了来自不同方面的束缚，都着重强调外在因素对自己改革与发展的不利。我们的教育体制是有一股巨大的力量在束缚着学校和老师的思想，促使他们朝思暮想地去寻求改变，但是又不能，也不敢去越雷池一步。他们只好一边迎合繁杂的督导检查与文件指示，一边在局部或外围做一些不伤筋动骨的变动。就像一个雪球一样，围绕着一个不变的核心，越滚越大，学校、教师和学生的负担越来越沉重，暴露出的问题越来越多，大家却都眼睁睁地看着这个雪球无休止地滚动，束手无策。

于是大家寄希望于体制的改革、中高考改革或其他评价机制的改革等上位政策的引导。实话实说，国家在这些方面已经做了很多事情，并且出台了比较科学的方案措施。但是一线的学校却仍然拖着疲惫的"身躯"，重复着过去的"故事"，不思改变，感觉困难重重，抱怨声仍然不绝于耳。

我认为，我们一些教育者没有看到教育是实现自己梦想的环境，不能敏锐地发现教育的新问题，因此思考和行动的角度仍然囿于陈规。其实，现在的时代需要现代的教育能够发现新问题，针对新问题进行新的思考，采取适合的行动。

"与学生重新建立关系"是当下学校育人模式和课程改革的核心要素。在"互联网+"时代，还要继续遵循"师道尊严""严师出高徒""教师是知识的化身""教材是神圣不可侵犯的""封闭式管理""统一行动共同学习"等教育与教学理念，哪能不会出现问题？学生的视野、思维、情感、技能、价值观等与其教师（即使是刚毕业的新教师）有很大的差距与不同，他们需要个性化发展，他们呼唤民主平等，他们渴望尊重理解，他们喜欢凭兴趣进行选择。

说到这里，我建议想改革的学校，必须重视学生的想法与权益，尊重他们的个性、兴趣，给他们创造学习成长的选择权利与空间。如此，就不必绞尽脑汁逼迫老师去改革，学生的思维打开了，他们的话语权得到了尊重，他们的能量、潜力和兴趣一旦有了释放的机会，就会推动着教师去重新思考自己的人生观和价值观，重新思考自己的教育观念和教学方式，倒逼教师去不断地学习研究，进行各种改革与尝试。因为自己不变，便无法应对不断变化的、有更高更多需求的学生。我想，这才是今后学校教育和课程改革的着力点和最有效的推动策略。

比如北京市育英学校的语文学科实行"3+3模式"课程改革，简单来说，就是用3节课完成基础课程的任务，用另外3节课落实阅读课程，这样，教师就不得不基于单元或学期、学年对教材进行课程整合，对于学生来说阅读量就上去了。同时学校为了推动阅读课程，在校园的很多地方都设置了流动图书馆，建立了温馨舒适的阅读长廊，开办了学生大讲堂等，用各种方式营造读书的氛围，给学生选书、读书、表达与分享提供平台和机会。学生阅读兴趣的激发、阅读量的激增、视野的开阔、表达与思维等能力的提升，倒逼老师不得不加强自己的阅读，转变自己的教学方式，不断调整自己的育人理念，以适应个性发展鲜明、问题不断的学生的需要。

大家熟知的北京十一学校取消了行政班级，启动了学科教室，每个学生都有属于自己的一张课表。这种变化无疑对教师提出了史无前例的严峻考验。品读李建平老师的新作《中国教育寻变》，带着思考与疑惑走进了十一学校，我印象最深刻的就是师生关系的改变。"面向全体学生""为了每一个学生的发展"成为该校课程改革最重要的价值趋向。把选择课程、选择学习时段、选择自己擅长与感兴趣的学科的权利还给学生，学科最大程度地分层以满足每个不同需求的学生，学生每节课都走向自己的学科教室，没有了原先习惯的班主任。这样一来，学生管理、师生交流等方面的新问题会不断涌向还没有现成经验的老师。

许多老师不得不重新看待与学生的关系。当没有了行政班，学生与教师平起平坐时，教育工作者的角色就必须从过去习惯的教育他、说服他，变成要倾听他、发现他、唤醒他、帮助他。

当师生关系发生了根本的变化，变得平等起来，学生的个性就会彰显出来，学生敢说话讲道理，其思维越来越活跃，提出的问题也越来越难以应对。把学习的权利和选择的权利还给学生的同时，自然就把教师逼向了不得不努力学习研究、转变自己价值观和教育观的境地。来自学生的压力催动教师随时发生与过去经验与观念的碰撞，从而重建起新的师生关系。如李建平老师所说：学生和老师不再是"一滴水"与"一桶水"的关系，更重要的是心灵与心灵的交融、思想与思想的碰撞。

再比如，我校就非常重视从办学理念上引领师生关系理念的转变，从不经意间听到的老师们口中流出的精妙语句，可以感受到这种理念对教师行为的影响。

"教育就是一次微笑。"刘老师遇到两名学生正在追逐打闹，他没有呵斥他们，只是冲他们微微一笑，学生立即停止了不良行为。这微笑的教育力量是多么强大啊！

王老师有一次对我如此评价："不忍心伤害任何一个人。"是啊，教育有多种途径，管理的措施有正面的，也有反面的，如果把握好一个原则——不轻易伤害一个人，教育的效果迟早会向好的方面转化，并得到被教育者的理解。

在谈到如今的师生关系时，李老师说："教育关系叫关怀。"是啊，过去的教育是一种权力的象征，重视管理控制，今天的教育不能再靠控制了，有的学生你吓不住他，说不倒他，需要从思想上和精神上去"驾驭"他。这是很难的一件事情。

我们需要在心灵意义上与学生建立关系，才能真正收获到更多的情感，才能寻找到自己的成长机会。

其实，不理解甚至不考虑新时代新型的师生关系，还是用过去传统的权威控制式的思维方式和行动来思考和推动学校教育，就违背了大自然不断变换、生生不息的运动规律和自然法则。只有重塑师生关系，在此基础上让课程、教学、学校生活与学生重新联系起来，激活学生思维，唤醒学生的好奇心、兴趣、想象力，才能推动学校教育回归原点，推动教师进行符合学科特点、学生成长规律和未来生命需要的课程与教学改革。

参考文献：

李建平．中国教育寻变［M］．北京：教育科学出版社，2015．

第三辑
发掘课堂与课程的价值

　　课堂、课程与学校文化是如何连接在一起形成了一所学校独特气质与风格的？三者之间有着一种什么样的内在逻辑关系？

　　显然，学校文化在其中扮演着"统帅"的角色。学校课程要在文化的统领下构建完成。而课堂作为课程实施的主阵地，则决定了能否传递出学校文化的生命力。三者是密不可分的统一体。

　　也就是说，课程理念要与学校教育理念相吻合，课程目标要与育人目标一致。用西南大学靳玉乐教授的话来说，就是要沿着学校文化的核变之"道"，走向课程改革的发展之"路"，要实现"道"和"路"的整合汇通，需要达成二者之间的意义关联。

　　密云分校的选择，正是沿此展开的。

　　构建学校整体课程规划，首先从找到学校文化的源泉，洞悉学校的办学精神与核心价值观开始；然后是理出一条脉络——全面了解学校的内外环境，如学校在整个区域中的位置、与其他学校和社会机构的联系、地域文化和资源、教师素质结构与生存状态、学生生源状况等；最终确立一个路标——以"学习者"为中心推进"全学习"，打破校园的围墙，超越教材的局限，让整个世界都变成学生学习的平台，让正式学习与非正式学习融为一体……

学校课程规划的首要策略是什么

最近帮助几所学校谋划课程规划方案，有些许感悟。当深处一所学校，走进课堂，观其情景，与人相遇对话，均能感受到由学校中一代代教育者和一批批学习者积淀下来的独特、个性而鲜活的文化元素。在振奋之余却也顿生遗憾，这些显示在校园各处的文化基因和教育元素，都是学校历史发展过程中的珍贵资源，但它们却安静地沉睡在校园里的各个角落，像是死的东西，大家似乎都视而不见其灵魂与价值。具体表现可以大致梳理如下：

多数学校办学理念不成系统，即使有的学校自认为已初步形成自己的系统理念，但自己也不会解释，只是一些口号式的累积和随心所欲的设计。有的学校，其校训、校风、教风、学风等各说各的话，体现不出学校文化的统一价值观。有个别学校甚至不明白校训的概念内涵，把校训与课程混淆，如把特色课程"经典阅读"当作校训镌刻在教学楼上。有的学校说不出自己的育人目标。

不少学校在追求课程改革的过程中，忽视自身学校文化的实质和特性，竞相模仿一些品牌学校或企业文化建设的理念，不懂得什么该肯定，什么该否定，忽视学校文化的生成性和原创性。这些并不符合学校自身特点和要求的文化建设，导致学校文化难以达到预期的目的，不能化为学校永久的精神品质继承相传。也有不少学校一时找不到构建自己学校课程体系的切入点，为了快速迎合课程改革的需要，便不假思索地随意实施叠加式的课程架构，甚至不惜金钱聘请专家或公司为其策划设计，导致给教师和学生徒添了各种精神和体力上的负担，引发大家对改革的抵触和不满情绪。

当下不少学校借助教育投入的大幅度扩增，盲目热衷于硬件和环境建设、各种专题性大型活动、媒体宣传、品牌设计等。有时甚至不断地翻新，以迎合某些形势的需要，导致价值观凌乱多元，把物质、精神、行为和制度文化建设孤立看待，没有意识到四者是有机的整体，互为条件。

有的学校组织结构的变革与管理创新不适应当前整个教育变革的新形势，不适应学校新文化的渐进生成。对教师开发的文化产品，如教案、课件或教师的课程、课题研究成果等，不注意进行有效的管理，致使学校生成的一些创新文化得不到及时积淀与传承，影响了这些文化产品对于学校未来发展的价值的发挥。

还有的学校打着"文化管理学校"的大旗，却不能真正使学校文化回归到教育本意，定位到课程与教学上，突出"人的发展"这一根本宗旨。不少学校的课程开设形同虚设，教师课程意识淡薄。在课堂上，启发式、自主式、合作式、探究式等新型教学方式，所有教师还没有达成共识，限制学生思维的现象随处可见。

解决方案

殊不知，进行课程改革，构建学校整体课程规划，需要首先寻找到自己学校文化的源泉，洞悉自己学校的办学精神与核心价值观。杨四耕老师的文章《源头清：学校整体课程规划的基本要求》中有这样的观点：课程规划是学校层面的课程实施，因此，学校整体课程规划应该是学校自己的规划，任何个体或组织都不能代替学校主体来做规划。学校整体课程规划源于学校自身的困惑与理想，不同学校之间发展现状不同，不能完全沿用国家与地方的课程计划，也不能照搬其他学校的课程规划模式。学校是课程发展之所，课程规划的目的在于提升学校课程的整体价值，进而解决学校面临的课程问题，促进学校的永续发展。学校课程规划的首要标准在于以学校为本，反映学校的历史传统和适合学校的现实情况。如此，才能真正发挥学校在理想与现实之间的中介作用，保障学校、教师和学生获得适切的课程，保证课程规划存在的价值与意义。

2015年，接受学校派遣，我到一乡镇学校工作一年，任务是帮助该校构建自己的课程规划方案。用一年的时间构建一个课程规划方案，刚开始我并没有完全理解领导的意图。但是当我深入学校，一节课一节课地听下来，与教师和学生近距离沟通，与学校校长和中层干部对话，甚至与学校保安、司机、接孩子的家长等人员交流之后，我终于明白了领导的意图。两个月过去了，完整的方案仍没有出炉。于是我静下心来，认真地了解学校的外部环境，如学校在整个区域中的位置、与其他学校和社会机构的联系、地域文化和资源等；更加细心地了解学校的办学目标定位与愿景、组织治理机构与管理模式、教师素质结构与生存状态、学生生源状况与学习方式、学校软硬件建设与常规管理政策等。我不再刻意向外寻找资源，而是转向以学校为基础，寻找课程政策与学校历史和现实之间的接合点，对学校办学历程、课程发展基础、师生状况和学校整体发展生态环境做出全面、系统、客观的分析，了解与课程发展密切相关的内外部优势、弱势、机会和风险因素，进行系统思考，谨慎判断，清晰定位，实现学校继承优良传统与新时代改革创新的有机统一，保证整体课程规划的可行性与认可度。

我所服务的学校是一所九年一贯制学校，所在镇是少数民族聚居区和外来人口密集区。学校还是区、市级民族团结教育示范学校。民族团结教育是该校的特色课程。

学校的文化内涵是"浩融·和谐"，办学理念是"为人的发展服务"，教风是"博学善教，教人求真"，学风是"勤学好问，学做真人"。校训是"团结，勤奋，求是，创新"。

我深入课堂听课，与该校校长、中层干部和部分师生反复对话，认真观察调研学校内外环境，细致探微学校历史传统与课程发展现状，从其文化理念系统中抽取了两个字，一个是"融"字，一个是"真"字，"融·真教育"应运而生。"融·真教育"是指：学校遵循教育规律，回归教育本真，办有思想的教育，办减负增效的教育；学校生活应洋溢着和谐自然、真诚待人的良好风气；教师要淡泊名利，勤于耕耘，尊重学生个性，讲真话，授真知，以满腔的热情书写无悔人生，做"融·真教师"；学生要与人友善、乐于助人，善于发现、勤于探索，在生活中发现知识，在实践中检验知识，以善良的本性编织美好未来，做"融·真学子"。"民族情怀，勇于担当"的育人目标跃然纸上，它是"融·真教育"之愿景，是学校办学理念之旨归。

学校课程整体框架随机有了清晰的思路，即构建"融·真教育"课程体系，实现课程育人功能。

"融·真教育"课程体系的宗旨是：着力整合课程资源，优化课程结构，形成学校课程特色。在课程设置方面充分考虑各科课程的育人价值，充分考虑各科课程育人效力的聚合。依托课程，带动教师发展，促进学生的全面发展、特色发展和可持续发展。在落实核心素养过程中，提升学生的综合素质。

"融·真教育"课程设计的主体架构指导思想是：基于学校育人目标"民族情怀，勇于担当"，遵循"国家课程、地方课程和校本课程"三级课程体系，满足全校1—9年级学生综合发展的需求，引领学校的整体课程建设与实施。

我们按照课程标准的要求，结合学校的具体情况对国家和地方课程进行校本化开发，全面落实国家教育方针，面向全体学生，强化培育学生综合素养，切实减轻学生过重的课业负担。

依据学校具体实践资源，构建"融和课程和求真课程"两大课程群。

"融和课程"主要以学校的特色课程"民族团结教育"为主课程，该课程在"民族"上下功夫，挖掘各种优秀资源，从"学科渗透、主题课程、学生社团、特色活动"四个渠道，做到学校、班级、学生层层落实，将民族团结教育具体化、形象化、生动化。争取社会力量积极迈入课堂，与学生一起观赏民族风采，感受五十六个民族是一家、爱我中华的浓厚情感。另外还有"学段衔接课程"和"学校教育、家庭教育、社区教育三结合课程"。

"求真课程"主要由"修身课程、发展力课程和综合创意实践课程"三部分构成。旨在培养学生的理解别人、有交流能力、有担当精神、身心健康、有创造力、有现代意识、有团队精神等核心素养，引领学生体验、理解并积极践行社会主义核心价值观。培养学生追求事物发展的真理所在和寻找事物发展的客观规律，重视培养学生的实践创新能力，开发学生的潜能，丰富学生的实践经历，强调知识在现实生活中的综合应用。

理清学校的传统历史文化，明确学校课程发展的传统、优势与困难，才能发现学校的课程建构依据与资源，激发学校由内向外、自下而上的变革，促使学校直面课程与教学实践中的关键问题。因此，可以说，对学校历史传统进行全面梳理、总结提炼，才是整体课程规划首要的、前提性的和基础性的实施策略。

可以把校歌连续播放三遍吗

问题发现

从周一到周五，每天清晨，我都在 6 点半准时来到学校，四处走走，到处转转。

不管当时走到哪里，一到 7 点钟，学校广播里总是准时飘来一阵阵沁人心脾的音乐，一波波略显稚嫩的童声。顿时，一种青春的惬意，荡漾着我的灵魂。

"迎着金色阳光金色的阳光，我们在育英骄傲地成长，伴着书声琅琅书声琅琅，我们的梦想在这里起航，行为规范，热爱学习，阳光大气，关心社稷，勇于担当，勇于担当，成就自己的梦想。不畏艰辛，一生立志为家国，满怀豪情，成就梦想，赢得荣光，赢得荣光。"

这是我们学校的新校歌，伴奏的制作者是我们的老师，演唱者是我校合唱团的学生。说起我们新校歌的诞生，还真有一段偶然的故事。这段故事是我们学校文化衍生的历史符号，反映了我们学校课程改革的独特路径。

2016 年 7 月 8 日，暑假期间，我被任命到北京市密云区第七中学做校长。当时感觉压力很大。因为我所赴任的学校，是北京市育英学校的一所分校。"名校办分校，分校变名校"是促进教育均衡发展，充分发挥北京市优质教育资源辐射示范作用的有效实践。新学校作为北京市育英学校一体化学校，将会迎来发展得更好的机遇。

在学校行政办公楼大厅右墙上，镌刻着学校的校歌。仔细阅读歌词，我发现里面有密云七中的校训和培养目标。我陷入了思考，密云七中已经更名为北京市育英学校密云分校，作为总校的一所分校，理所当然应该践行总校的办学理念，遵循总校的校训和培养目标，这就产生了同一所学校不同历史时期的使命和办学理念的融合问题。

问题分析

总校有着较久远的历史传统，又是原中共中央机关直属学校，是一所红色学校。它拥有四个校区，是十二年一体化的学校，有学生五六千，教师五六百。密云七中建校才九年，是一所城乡接合部的纯初中校，有一百多名教师，共六百多名学生。生源质量更是差距很大。

原学校的理念需要继承，不可完全放弃，放弃了会引起广大教职员工的不适应甚至痛苦；总校的理念需要传承，不传承总校不会同意，但又不可复制。我深知，学校的课程改革、学校文化建设等都需要根植于学校的历史传统，在继承学校文化和办学理念的基础上进行创新。其实，根本的问题就是如何寻找分校发展的适合的切入点。从哪切入呢？当时，我的头脑一片茫然，心里惴惴不安。

解决方案

还是在暑假期间，有一名接近五十岁微胖的老师走进我的办公室。原来他是来找我为他外出培训学习的发票签字的。我热情地请他坐下，我知道了该老师姓王，是一名音乐老师。

我们交流了几句话，我听到王老师试探性地问我："李校长，我想把咱们学校的上学、放学和课间的铃声换成音乐。我把中国和西方的经典音乐系统地按初中三年的时间进行分类整理，一月更新一次，能够让学生通过这种方式，三年里系统地感知更多的经典名曲，提升学生的音乐欣赏素养。"

听后，我眼前一亮。我立即说："好啊！王老师，您这是在做课程，这是课间音乐素养欣赏课程，我支持！"

之后几天里，我总是发现王老师一个人钻进他的办公室。我知道他在自觉地加班赶制课程。我同时安排学校分管干部要全力配合。

学校发展改革的思路有了，先从教师自发地行动开始，让课程从教师当中自然生成，然后再进行梳理，逐步构建学校自己的课程改革架构。

开学第一天早晨，我准时听到了王老师的课程成果。王老师还把这些音乐的作曲家、简介等知识汇总在一起，做成了简报，并设计了一个让学生签字的栏目，用来了解学生对当月的音乐的喜好程度和理解程度。

我见到王老师说："您积累三年后，就可以自己编本校本教材了。"

这时王老师说："我没想那么多，只想为学生、为学校做点事。"

"李校长，我们的校名换了，校训和育人目标都要用总校的，我们的校歌是不是需要改一下歌词啊？"王老师不失时机地说。

我说："是啊，我还真没有想到。王老师，那辛苦您改一下吧？"

王老师爽快地应道："没问题。"

之后，我经常收到王老师给我发的微信——征求我的意见；我也经常在中午听到一些练习校歌的学生的声音，是王老师牺牲中午休息时间在加班训练学生合唱团呢。

一天下午，王老师突然出现在我的眼前："李校长，这是咱们学生学唱的新校歌。"他把手机拿到我耳旁，是学生学唱的校歌的录音。

我说："很好听啊，能不能让学生一进校就能听到校歌啊？"

王老师依然果断地应道："我马上去办。"

这就是我们的新校歌在早晨就飘出来的来历与故事。

那天早晨，我迟迟没有离开，我就站在学校办公楼大门口，在等待一个人的出现。这个人就是校歌的作者、伴奏制作者、教学唱者。很快，王老师就出现在我的面前，7点10分。

我兴奋地走向王老师："王老师，早上好！咱们的校歌太好听了，同学们唱得真棒！可以把早晨的校歌连续放三遍吗？因为放一遍，只有部分早到的学生能够听到。"

王老师骄傲地说："行！我马上去办。"

"王老师，记住，晚上放学也要再加上一遍啊！"我紧接着说。

王老师应道："好的，校长放心吧。"

"踏着金色夕阳金色的夕阳，今天在育英收获得怎么样？好好学习，好好学习，天天记心上，父母嘱托老师教诲，激励我成长，行为规范，热爱学习，阳光大气，关心社稷，勇于担当，勇于担当，成就自己的梦想。不畏艰辛，一生立志为家国，满怀豪情，成就梦想，赢得荣光，赢得荣光。"

学生三五成群，轻松地说笑着，有礼貌地与我打着招呼。有像王老师这样的老师在，我的自信满满的！

其实，这就是我心目中的新学校的文化建设和课程改革的策略，学校文化建设不能为"设计而设计"，它应该让课程自然地生长，让教师自觉地成长，让文化自由地绽放。我们应该基于服务课程与学程的自觉、规划未来学习方式的理念与心态，将艺术、审美、文化、价值观、素养等元素化为教育情境。

与几位同学交流，问他们对上、放学和课间音乐有何感受和收获，同学们纷纷用简洁的关键词表达了他们的喜悦之情：轻松、温馨、安静、优雅……看到每个班简报上的签名，听到学生在课间评论音乐的知识与感受，我欣喜地捕捉到了一种收获：这就是我想要的做校长的样子，想要的学校发展的样子，想要的老师成长的样子，想要的学校文化的样子。

让每个时间和空间都拥有自己的品质与故事，让孩子和老师们在校园里拥有更好的生活、学习和工作方式，让学习能够在校园里自然发生。校园里，到处洋溢着孩子快乐的笑脸，以自己的美丽触摸世界的美丽。

尊重每一名教师的素养，成就每一名学生的兴趣，交给他们一块可以播种的田地，相信"民间"的力量与热情，走着走着花就会开的，学校课程改革哪会难呢？学校文化建设哪能没有积淀呢？

单元自主学习课程纲要如何设计

问题发现

我经常参与教师的集体备课，研究我校教师的教学设计，我发现一个普遍的现象：多数老师不重视基于单元进行思考，只是相互间简单讨论一下一个单元分为几个课时、重点和难点是什么、怎么处理这些重难点等内容，基本上是站在教师的角度进行解读，忽略了基于学情为了学生的学而设计，对于一个单元的内容、资源等没有基于课程标准与大概念或主题进行创造性整合，对学习方式以及评价方式更是少有研讨。大家在集体教研以后，就把精力用在课时教学设计上了。

为了改变这种现状，我曾经专门对基于单元进行教学设计进行了培训学习，然后让老师们基于学科教研组进行研讨，并让他们在寒假期间形成一整套的单元教学设计，包括一个单元教学设计，以及单元中的课时教学设计。但是等我把老师们的设计收上来一看，大家对单元教学设计还不能理解，没有设计出一个相对合理的模板，并且我感觉大家还不够重视，根本没有认真进行思考，原因自然是大家习惯了过去的课时教学设计，对基于单元进行整体教学设计没有任何概念与思路。

问题分析

大家都知道，教材是重要的课程资源，也是施教的重要依据，但不是唯一的课程资源。教师完全可以因时、因地、因人对教材进行增删、取舍、简化、重组和创造，这样才能设计出好课。教师备课要源于教材，尊重教材，但必须跳出教材，才能创造性地使用教材。

我认为，教师应该在创造性地解读教材中进行教学设计，以此为突破口，再多方关照教情、学情、课程资源、学习素材、学生评价等其他方面。教师在创造性地解读教材时，不能过分地把精力放在解读习题和教辅材料上，而应该去很好地研究"国家课程标准的目标在教材中是如何实施的""单元知识间的联系和内在逻辑关系""各个知识板块的起始点和发展方向""教材编者的意图""如何梳理知识思维图"，挖掘隐含在教材中的有用信息，掌握学科教学的规律，突破现有教材与学生的生活发生实际联结。

这就需要教师站在学生立场上，着眼于自主、合作、探究、体验等学习方式的落实进行单元教学设计。陆伯鸿这样定义"学科单元教学设计"：为了学科课程以一个单元为整体进行一种系统化、科学化（整体化）的教学设计。孙重阳、魏爱民老师在《大观念、大主题、大过程——指向化学核心素养的单元教学设计与实践》一文中说：单元教学设计不是原有知识点教学的简单相加，而是综合各项因素从整体的角度进行有机重组，它本身结构完整，有明确的目标、主题、活动及评价；其核心是由零散走向关联，由浅表走向深入，由远离生活需要走向实际问题的解决；它要基于课程标准、选择逆向设计、利于深度学习、依据学情资源、重视表现性评价。

∨ 解决方案

下面我介绍一个案例，是我校老师自主开发的产品。它主要是引领学生课前自主学习，以此对课堂教学形成重要的辅助。内容具体分为"教材分析、知识建构、背景知识、问题展台、学习评价"五个板块。它解决了教师平时课下向学生发放大量资料，布置各种形式的机械性、重复性书面作业的问题。

它不同于一般意义的课前预习。以前的课前预习，往往是让学生对将要学习的内容有所了解，更多的是接受现成的结论，甚至是变成了前置作业习题单；而它是以单元为单位，以研究的方式展开对将学内容的探讨，更多的是展示自己的想法和疑问。老师仅仅提供学习的纲领性内容，并提供学习方法和学习目标，让学生自主思维、寻找问题、自主评价。尤其是"背景知识"环节，为学生提供了丰富的课程阅读资源。这就实现了课前学生真正的自主学习，课堂不再是知识学习的开始，而是学习的进一步延续与深化。

人教版初中数学八年级下册第十八章《勾股定理》

第一板块：教材分析

直角三角形是一种特殊的三角形，它有许多重要的性质，如我们七年级学习的"直角三角形中两个锐角互余"，八年级上册学习的"直角三角形中30°角所对的直角边是斜边的一半"等。本章所研究的勾股定理揭示的是直角三角形三条边之间的数量关系，是直角三角形的一条非常重要的性质，也是几何中最重要的定理之一，它将数与形密切联系起来，在数学的发展中起着重要的作用，在现实世界中也有着广泛的用途，有人称之为"千古第一定理"。勾股定理的逆定理是利用三角形三边的数量关系来判定其是否为直角三角形的方法，而在此之前，我们判定一个三角形是直角三角形，只能用定义，即证明三角形中有一个角是直角，或者一个三角形中有两条边互相垂直。勾股定理及其逆定理在几何证明中作用很大，在实际生活中用途也很广泛，所以大家一定要努力学好。

【设计意图：这一部分揭示本单元所要学习的主要内容及其与前后知识点的联系。新课标指出：教学中应当有意识、有计划地设计教学活动，引导学生体会数学之间的联系，感受数学的整体性，不断丰富解决问题的策略，提高解决问题的能力。同时整个学段教材内容的设计有螺旋式上升的特点，因此让学生及时复习和总结相关联的知识点，可以让学生更好地感受数学的整体性，这符合学生的认知规律。】

学完本单元后，你就能解决"已知直角三角形两边求第三边"的问题，也能"利用三角形的三条边的数量关系判定直角三角形",进而可以解决很多生活中的实际问题。当然,还可以掌握利用"面积法"证明几何问题的数学方法。还有,中国对勾股定理的研究做出了巨大的贡献,其中最出名的人你知道是谁吗?学完本单元后,老师相信你都可以一一掌握的。

【设计意图:新课标要求通过义务教育阶段的数学学习,学生要在知识与技能、数学思考、解决问题和情感与态度四个方面达成目标,也就是达成大家平时所说的三维目标。而学生对以上这种比较通俗的目标设定更易接受,不至于感觉枯燥。让学生带着目标去预习教材,便可以做到有的放矢。】

"操作+思考"的学习方式符合你们这个年龄段学生的认知水平,充分动手、动脑,主动探索获取新知,与同学们合作交流都是很好的学习数学的方法。还有,你知道吗,勾股定理的证明方法有近五百种之多呢,所以说,条条大路通罗马,解决问题之道不限于一种,我们也应该学习这种从多种角度入手解决问题的策略。

【设计意图:数学学习过程中不能单纯地依赖模仿与记忆,教师应引导学生主动地开展观察、实验、猜想、验证、推理与交流等数学活动。因此,教给学生学习本单元所应该具备的数学方法和策略,可以达到事半功倍的效果,也可以使学生养成良好的学习习惯。】

第二板块:知识构建

仔细阅读教材内容,了解基础知识及探究任务,完成下面的表格。

类　别	内　容	证明方法	用　途
勾股定理			
勾股定理的逆定理			

温馨提示：

1. 教材将勾股定理的探索过程设计为梯度式，先从等腰直角三角形入手，发现规律后，再探究一般直角三角形是否满足规律，预习时要注意这种循序渐进的探索方式。

2. 为了在课堂上探索勾股定理的证明过程，我们需要两个边长分别为 a、b 的正方形，请你提前准备好，并用胶布把它们如图粘在一起。

【设计意图：知识建构是单元预习的重点，也是学生思维火花绽放的体现。先让学生从总体上对本单元内容有大体的了解，再通过自己的探索与思考，抽取出每课时的重点内容进行首次认定，从而把握本单元知识的设计脉络。然后提出自己的疑难问题放于展台之中，使老师对学生的预习程度做到心中有数，也使学生的学习更为主动和积极。】

第三板块：知识背景

（一）中国对勾股定理的研究所做的贡献

1.《周髀算经》的记载：中国最早的一部数学著作——《周髀算经》的开头，记载着一段周公向商高请教数学知识的对话。周公问："我听说您对数学非常精通，我想请教一下：天没有梯子可以上去，地也没办法用尺子去一段一段丈量，那么怎样才能得到关于天地的数据呢？"商高回答说："数的产生来源于对方和圆这些形体的认识。其中有一条原理：当直角三角形的一条直角边'勾'等于3，另一条直角边'股'等于4的时候，那么它的斜边'弦'就必定是5。这个原理是大禹在治水的时候就总结出来的呵。"从上面所引的这段对话中，我们可以清楚地看到，我国古代的人民早在几千年以前就已经发现并应用勾股定理这一重要数学原理了，以后人们就简单地把这个事实说成"勾三股四弦五"，我们中国把这个定理称为"勾股定理"或"商高定理"。

2. 赵爽弦图：它表现了我国古代人民对数学的钻研精神和聪明才智，它是我国数学的骄傲。中国古代的数学家们不仅很早就发现并应用勾股定理，而且很早就尝试对勾股定理作理论上的证明。最早对勾股定理进行证明的，是三国时期吴国的数学家赵爽。2002 年在北京召开的国际数学家大会，会标正是以赵爽弦图为基础设计的。这一会徽既标志着中国古代的数学成就，又像一只转动的风车，欢迎来自世界各地的数学家们！

【设计意图：在教学中，应注意展现与勾股定理相关联的背景知识，使学生对勾股定理的发展历史有所了解，感受勾股定理丰富的文化内涵，激发学生的学习兴趣。特别是通过向学生介绍我国古代人民在勾股定理研究方面的成就，激发学生热爱祖国悠久文化的思想感情，培养他们的民族自豪感，同时教育学生发奋图强，努力学习，为将来担负起振兴中华的重任打下基础。】

（二）西方对勾股定理所做的贡献

1.《几何原本》的记载：在西方，数学著作《几何原本》中记载，这个定理是毕达哥拉斯最早发现的，所以西方把这个定理称为"毕达哥拉斯定理"，以后就流传开了。毕达哥拉斯是古希腊数学家，他是公元前五世纪的人，比商高晚出生五百多年。相传，毕达哥拉斯学派找到了勾股定理的证明后，欣喜若狂，杀了一百头牛祭神，因此这个定理又有"百牛定理"之称。

2. 勾股定理与第一次数学危机：约公元前 500 年，毕达哥拉斯学派的弟子希帕索斯发现了一个惊人的事实，按照毕达哥拉斯定理（勾股定理），若正方形边长是 1，则对角线的长度不是一个有理数，它不能表示成两个整数之比，这一事实不但与毕达哥拉斯学派的哲学信念"万物皆（有理）数"大相径庭，而且建立在任何两条线段都可以公度基础上的几何学面临被推翻的威胁，在当时直接导致了人们认识上的危机，历史上第一次数学危机由此爆发。据说，毕达哥拉斯学派对希帕索斯的发现十分惶恐和恼怒，为了保守秘密，最后将希帕索斯投入大海。如果没有希帕索斯的发现，"无理数"的概念也不会那么早就引入到数学研究中去。正因为希帕索斯发现了无理数，数的概念才得以扩充。从此，数学的研究范围扩展到了实数领域。

3. 一位总统与勾股定理的不解之缘：在 1876 年一个周末的傍晚，美国华盛顿的郊外，有一位中年人正在散步，欣赏黄昏的美景，他就是当时美国俄亥俄州共和党议员伽菲尔德。他走着走着，突然发现附近的一个小石凳上，有两个小孩正在聚精会神地谈论着什么，时而大声争论，时而小声探讨。由于好奇心驱使，伽菲尔德循声向两个小孩走去，想搞清楚两个小孩到底在干什么，只见一个小男孩正俯着身子，用树枝在地上画一个直角三角形，于是伽菲尔德便问："你们在干什么？"只见那个小男孩头也不抬地说："请问先生，如果直角三角形的两条直角边分别是 3 和 4，那么斜边长为多少呢？"伽菲尔德答道："是 5 呀。"小男孩又问道："如果两条直角边分别为 5 和 7，那么这个直角三角形的斜边长又是多少呢？"伽菲尔德不假思索地回答道："那斜边的平方，一定等于 5 的平方加上 7 的平方。"小男孩又说道："先生，你能说出其中的道理吗？"伽菲尔德一时语塞，无法解释了，心里很不是滋味。于是伽菲尔德不再散步，立即回家，潜心探讨小男孩给他留下的难题。伽菲尔德经过反复的思考与演算，终于弄清楚了其中的道理，并给出了简洁的证明方法。1876 年 4 月 1 日，伽菲尔德在《新英格兰教育日志》上发表了他对勾股定理的这一证法。1881 年，伽菲尔德就任美国第二十任总统后，人们为了纪念他对勾股定理直观、简捷、易懂、明了的证明，就把这一证法称为"总统证法"。

【设计意图：亚里士多德说过，热爱真理的人在没有危险时爱着真理，在有危险时更爱真理。为了追求真理，数学家希帕索斯献出了宝贵的生命。通过这组背景知识，我要告诉学生：追求真理，不分国界，也不分贫富贵贱，真理永远掌握在勇于探索、不畏艰险的人手中。借此背景来培养学生勇于探索、不怕困难、坚持不懈的优秀品质。】

（三）欣赏美丽的勾股树

右边这幅图片我们称它为勾股树。仔细观察勾股树，你能发现它是按照怎样的规律形成的吗？

【设计意图：经过人们的不懈努力，勾股树开出了无数朵奇葩。设计这个背景知识的目的是让学生体会数学的魅力

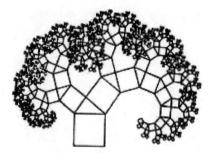

美丽的勾股树

与神奇，培养学生的观察力与想象力，开拓同学们的眼界，激发同学们的

学习兴趣和求知欲。】

第四板块：问题展台

根据自己的预习情况，提出疑惑与问题（至少两个），交予组长汇总。

阶段	课时1：勾股定理及证明（第64-66页）	课时2：勾股定理的应用（第66-68页）	课时3：勾股定理的应用（第68-69页）	课时4：勾股定理的逆定理	复习课
疑惑与问题					

【设计意图：学生将预习中所遇到的疑惑与问题摘录在此，再由组长汇总交予老师，教师在课时备课时进行分类归纳，确定目标。老师要特别关注提出有价值问题的小组，上课时要及时表扬，以此来激励同学们认真预习。】

第五板块：学习评价

1. 自我评价。

你可以根据自己的预习情况，写出你的收获、反思、感悟等。

2. 组长评价。

根据组员对知识建构、背景知识、问题展台的圈点勾画、所提问题等情况给你的组员打出相应的等级：A、B、C、D。

3. 教师评价。

【设计意图：评价的目的是全面考察学生的学习状况，激励学生的学习热情，促进学生的全面发展。这里仅对学生的自主预习做出适当的评价。自我评价可帮助学生逐步学会认识自我，学会管理自己，养成主动学习的习惯。组长评价则是让学习组长对本小组的同学做出适当的评价，让组长对落后同学进行督促和帮助，使全组成员团结一致，互帮互助，形成良好的学习氛围。教师评价则是教师根据学生基于单元指导纲要的预习情况，对学生给予语言上的激励，保护学生的自尊心和自信心。教师要善于利用评价所提供的大量信息，适时调整和改善教学过程。】

什么样的课堂让教学变得更智慧

∨ 问题发现

学校践行全区提出的"生动"课堂改革行动时，我走进教师的课堂观课，看到了一些改革的影子，如有的老师会让两个学生互为师友，让他们对话沟通、互相检查、互相提问等，也体会到了教师在尽力把学习的权利交给学生。但是我感觉到这只是表面的浅层次的变化，况且没有外人在课堂里的时候，仍然会走回一讲到底的老路上去。看看老师的教案，仍然是沿用过去十年前的老模式，看不出课改新理念的具体引领。在进行课堂研究时，我没有发现针对"生动"课堂的评价标准。问问学校的教学管理人员以及骨干教师，也说不出清晰的道理和明确的操作策略。我的整体感知是，学校的确在推动教学改革，但是没有基于校本、师本，改革行动散乱无章法。教师对人人皆知的理念好像很懂，但是却在稀里糊涂的具体实践中摸索。

∨ 问题分析

出现这种状况，原因有很多。比如：区级层面没有开发出科学可行的实施标准，也缺乏真正有实操经验的当地专家深入学校进行跟踪指导，依据学校暴露的问题进行持续推进。学校层面缺乏学习与研究，很少有人真正理解这一课改的本质、内涵与实施技术，缺乏真实有效的实践推动路径与策略。教师层面实践积极性并不是很高，处于应对态度，学校推动，就做一点，学校放松，就回到原地。并且还有教师认为，这是瞎折腾，触摸不到课改真正的意义与价值，看不到课改的变化与回报。

学校采取的措施只不过是一些能够"拿来"的外地经验，没有立足本校进行深入的研究，所以出现"水土不服"的情况。真正的课改应该是汲取他人真正有用的经验，却又不是纯然地"拿来"，而是根据自己学校的情况，在认真学习课程论与教学论等理论的基础上，研究课程改革新理念与学科课程标准，针对学校和老师们的实践与思考，去伪存真，去粗取精，形成具有学校自身特点的课堂模式：学生的个性得以释放，有了机会全面发展；教师的职业得以解放，有了兴趣自觉成长；学校文化环境得以重建，"全学习"生态系统全方位指导和引领学校的改革与创新。

⌄ 解决方案

那么，"全学习"理念下的课堂是什么样的呢？用一句话说，就是以学习者为中心推进"全学习"，"全学习"让课堂变得更智慧。下面从"成果目标、优质问题、学习活动与嵌入式评价"四个方面，较为详细地介绍一下我校的"全学习"课堂。

"全学习"的课堂成果目标是"预期的学习结果"，是学生在一节课当中应当知道、理解或能够做的事情，是完成某项学习任务的结果。实施过程中，需要注意以下四个纬度的设计：一是行为主体，确保是学生，不是教师；二是行为表现，关注怎么学、学到什么，明确可操作的具体行为；三是行为条件，关注范围条件，旨在说明"在什么条件下做"；四是表现程度，关注学到什么程度，旨在说明"有多好"。

所谓"优质问题"也可以理解为"核心问题"，是相对于课堂教学中那些过多、过细、过浅、过滥的提问而言，在教学中能起主导作用和能引发学生积极思考、讨论、理解的问题。比如，教师在进行问题设计时，要凸显"思维成果"，变封闭性问题为开放性问题；不要内含答案，明知故问，舍弃让学生简单迎合的问题；把问题变成一种对正误的判断；把记忆性问题变为分析比较、异同对比、分类和寻找例外情况的问题；不要只追求答案，更要关注如何得出答案……

学习活动包括学生个体的学习活动、群体的协作活动、师生的交互活动。教师进行教学设计的核心是活动任务的设计，如协作学习活动设计的基本流程可以分为"确定学习内容、明确小组成员分工、搜集学习资料、小组合作完成作品、展示学习产品、师生评价总结"。

"全学习"课堂的评价不仅重视评价这一动作，还要求设计好量规，它是与学习同时发生的评价，将评价融合到教学的整个过程，评价不再是学习的终结，而是改进学习方法、提高学习能力的载体。它主要用于学生自我评价、自我反馈，是内在评价而不是外加评价。评价量规指向学生的问题解决活动，给学生搭建前进台阶，让学生拾级而上。完整的评分规则包括"等级、要素和指标"三个部分。

以上四个课堂要素确定了"全学习"教学的新理念，让课堂学习由浅表学习走向深度学习，由任意为之走向专业设计，让"为什么教""教什么""怎么教""教得怎么样"这几个问题有了更加清晰、有效、科学的解决策略。

另外，为了有效引领教师理解并把握新的教学理念，便于教学设计的精准操作，学校对教师的教学设计模板进行了结构化处理，用六个流程支撑"全学习"课堂的实际操作。同时，每一个流程的主题概念对应了新时期课程改革理念与新中考改革要求。在这样的流程的引领下，老师更容易实现自己的教学主张，更容易摸准新时期教学的标准与要求，更容易基于学情与学生未来提供更加丰盈、更加宽泛、更加有价值的课程资源与学习要素。新的学习方式和学习场景更容易赢得教师的青睐与尝试。

一是成果目标：教师诊断学生在单元自主学习中的学情，根据课程标准，师生共同确定本节课应达成的预期结果。成果目标主体是学生，重要元素有学习的"条件"、学习的"量"、学习的"标准"，引导学生认定目标。

二是情境导引：教师根据预期结果、学生认知水平与身心特点，创设各种情境，激发学生的求知欲和学习兴趣，点燃学生的思维，使学生积极主动地参与课堂教学。

三是思维对话：教师以问题引导学生，巧妙设置1～3个有思维含量的主问题，以挑战性任务或活动引导学生与文本、生生、师生等对话，逐步达到深度学习状态。学生在自学的基础上，以讨论、交流、竞争、辩论、分工等形式进行小组合作学习。学生的展示形式灵活多样，有个人展示、集体展示，有组内展示、组间展示等。教师要走到每个小组中，认真倾听、观察、点拨、强化、评价、落实，帮助学生开展有效活动，产生对话、激发思维、解决问题。

　　四是拓展迁移：教师要突破传统教育教学观念，选择多种途径和手段，主动挖掘非常规教学内容的学习价值，拓展日常教学内容的边界，为学生提供更加广阔的学习资源和学习选择，培养应用、分析、评价、创造等多种能力。

　　五是知识建构：教师以思维导图形式和师生更喜欢的方式，引导学生对知识进行梳理归纳，引导学生进行知识建构与归纳。

　　六是学教反思：针对本节课教、学、评的情况，师生课后共同反思，学生针对本节课的"收获、问题、解决办法"进行反思，教师针对"成功、不足、改进措施"进行反思。

　　以上六个流程，都有相应的评价要求，均指向学生的学习活动与任务，教师要有对应的明确、清晰、可操作的标准与证据，评价包括自我评价、他人评价、小组评价、教师评价。

　　当然，"全学习"的课堂提倡多种学习方式在课堂内外的呈现。比如，有的教师会设计各式各样的学生活动，课上让学生动口、动手、动脑，多实践、多表达、多展示。课堂上，学生设计方案，开展科学制作、小组竞赛、协作互助；课下，学生做手抄报、自编自导自演话剧或舞台剧、朗诵诗歌、进行社会调查等。

　　多种学习方式的出现，实现了学习场景的相互融通，各种资源引入学校，校园的围墙被打破，学校的课程内容得到极大拓展，学生线上线下混合学习，整个世界都变成学生学习的平台；学习方式实现灵活多元，将知识学习与社会实践、社区服务、参观考察、研学旅行等结合起来，正式学习与非正式学习融为一体；学校实施扁平化管理，鼓励学生自主管理，增加家长和社区在学校决策中的参与度，根据学生的个性、兴趣和能力组织学习，教育变得更加智慧，让学生站在教育正中央。

从教师单一之教变革为教师少讲并以学生之学为主，从课堂内以教材为主的学习延伸到课堂之外超越教材的更大范围的学习与研究，从学校内单一的文本内容之学拓展到校外的自然与社会等生活的学习与探索，可谓无时无处不在学习。而且，这种"全学习"的理念根植于心之后，会跟随教师、学生的一生，让他们不因年龄之老而终止学习，步入"发愤忘食，乐而忘忧，不知老之将至"的审美境界。

教学活动设计如何从关注"教"转向关注"学"

　　✓　**问题发现**

　　我校罗蓉老师上了一节文言文公开课《核舟记》，几位语文老师听了这节课。评课时，大家多是对这节课的精心设计予以肯定和褒奖，但罗老师自己却有点失落，因为学生的课堂状态没有达到她设计时预想的效果。

　　这节课"教的活动"相对来说比较丰富，比较多样。比如，有创设情境的导入，有多媒体演示，有课外诗歌的拓展性资源等。但从学生学的角度来看，"学的活动"非常机械，呆板单调。在这堂课中，"学的活动"基本上是以下几种：一是教师讲，学生听。二是教师问，学生答。回答方式是谁举手谁回答，有的学生一节课甚至回答了三四次，而不举手的同学课上没有紧张感，就很容易游离于课堂之外。三是教师播放多媒体课件，学生被动看。四是教师提问，学生进行小组讨论，但讨论时间不够，且个别学生没有参与，教师并没有关注到。这让罗老师陷入了思考，从"教"的活动到"学"的活动到底有多远？

　　✓　**问题分析**

　　本节课"教的活动"比较有结构，相对比较完整。比如，"思维对话"板块，设计了四个任务：一是整体感知，学生用自己的话简要复述文章第二至五自然段的内容，其他同学在纸船上画出示意图。二是提取文章信息，学生仿照例句，概括核舟特点。三是赏析语言，学生先独立思考，再以小组为单位选择印象深刻的语句进行赏析。四是理清说明顺序，学生圈画表示位置的词语，理清文章说明顺序。可以说任务由粗到细、由浅到深、由易到难、由具体到抽象，为学生搭建了一个个学习的台阶。

那么，从学生学的角度来看呢？学生"学的活动"则非常零散，没有结构。在课堂里，当教师抛出"在小小的桃核上，色彩丰富，有石青色、墨色、朱红色。妙哉！"这一例句，让学生依据文章内容进行仿写时，学生的表情是迷茫、是紧张、是不知所措。可见，这个问题的表述不够清楚，学生不明白这个例句有什么用，自己要做什么，从哪些角度在文中搜集信息。课堂上不乏学生发言，但前一个学生的发言和后一个学生的发言相互之间没有关联，学生仅仅是在表达自己的思考，不会倾听，没有思想的碰撞，更谈不上课堂生成的火花。有的环节也有学生的四人小组讨论，但前一次小组讨论和后一次小组讨论几乎也没有关联，可以用"各自为战"来形容。而且，为了"赶时间"，教师提出一个问题后，只有寥寥几个学生举手，教师虽然意识到需要等待，要给学生足够的时间思考，说了句"我们再等等其他同学"，但没过 20 秒，她就找举手的学生回答了。也就是说，"学的活动"只是在"教的活动"的间隙，零星地、零散地、不成结构地进行着，教师在课堂上只关心自己的教学流程是否清晰，衔接语言是否流畅，活动组织是否顺畅，而全然没有顾及学生学的状态——是否清晰理解了教师发出的指令，是否认真倾听了其他同学的发言并反思、质疑，在活动中有没有真实的思考和更深、更新的认识。

解决方案

《追求理解的教学设计》一书中提到传统设计的两个误区：一种类型是"活动导向的设计"，这种设计缺乏对存在于学习者头脑中的重要概念和恰当的学习证据的明确关注。学生们认为自己的任务只是参与，认为学习只是活动，而不是对活动意义的深刻思考。第二种类型就是"灌输式学习"，即学生根据教材（或教师通过课堂讲稿）逐页进行学习（讲授），尽最大努力在规定时间内学习所有的事实资料。因此，"灌输式学习"就像是走马观花式的欧洲之旅，没有总括性目标来引导。这堂课，罗老师陷入了第一个误区，在备课时精心设计各个环节，提炼问题，却忽略了学生"学的活动"，忽视了学生在课上的思维节奏、真实状态和课堂生成，忽视了学生与文本、学生与学生之间的思维对话。一味地赶进度，课堂就将成为一场以教师为主角的表演，教师在流利地背诵提前准备的台词，学生只是在跟随，没有思考、没有目标、没有方向，这就颠覆了学生的主体地位。

当然，本节课在设计上罗老师确实是下了很大功夫，也有可圈可点的地方。需要反思和改进的，就是看清从"教"的活动到"学"的活动到底有多远，找到缩短二者距离的有效做法，让课堂真正以学生"学的活动"为基点，真正关注学生的实际获得。教师在课堂上要帮助学生主动学习，为学生搭建学习的支架，让他们能拾阶而上，主动思考，让深度学习真实发生。学生的学习活动应与任务相结合，创建真实的教学环境，让学生带着真实的任务学习，使学生拥有学习的主动权。同时，学生在课堂上学会倾听，敢于质疑，在思考—表达—倾听—质疑—反驳—求证等一系列的思维对话中，语文学科核心素养螺旋式上升，从而实现思维的建构与运用，审美的鉴赏与创造，思维的发展与提升，文化的传承与理解。学生的学习不单是知识由外到内的转移和传递，更应该是学生主动建构自己的知识经验的过程。

教师在进行教学设计时，应重点关注有效学习要素的确定，如：学生主动参与学习；师生、生生之间保持有效的互动；为学生提供学习材料、学习支架、时间和空间上的保障，设置一些可量化的指标；基于课程标准拓展课程资源，形成对知识的真正理解，促进自我反思和提高，使学生获得积极的情感体验；加强课堂组织管理，构建学习型组织，以团队为单位，进行分层次、多元化评价等。

课堂教学具体实施时，一是注重学习目标的全面性、科学性、适切性和可测量性，提高目标达成的有效度。学习目标对教学过程具有引领、调控、激励和评价功能，因此学习目标的确定应具有全面性、科学性和适切性，使其体现有效学习的价值取向。第一，学习目标的确立应是全面的，不是单一的，应是开放的，不是封闭的。第二，目标的确立要符合发展学生科学和人文精神的要求，具有科学性。第三，目标的确立应符合学生的发展需要，建立在学生已有经验的基础上，是学生感兴趣的，有挑战性的，而不是简单的重复。这是激发学生有效学习的前提。第四，目标的确立要体现学生是学习的主体，指向明确，行为具体，符合可操作、可测量、可实现的学习目标设计要求，体现学习过程中的思维产品。

二是注重学习过程中课程资源的多样化和意义性，激发主动参与的有效性。学生的学习内容应当是现实的、有意义的、富有挑战性的，这些内容有利于学生主动地进行交流。内容的呈现应采用不同的方式，以满足多样化学习的需要。教师要有意识地引导学生把问题与知识生活化，发掘生活中的语言素材，将知识与生活实际紧密联系，创造性地处理教材，创设情景。从提高学习内容的适切性的角度考虑，要研究课程标准和教材，研究学生的已知与未知，研究学生的认知与情意发展需求，研究学生在课堂学习过程中可能发生的变化。如多媒体计算机辅助教学，可以方便地"编辑"自己授课的内容，所收集的资料可以是文字、图片、录像、录音等。各种信息表现的方式、时间的长短都可以随意设置，可以提供仿真性的探索情境，使学习材料丰富多彩，同时也使课堂教学变得生动、有趣，极大地提高学生的学习积极性和学习的有效性。

三是学习方式与方法运用的有效性。有效的学习就要让学生"经历、体验、探索"，使每个学生根据自己的体验，用自己的思维方式自由地开放地去再创造。要提供充分的探究活动时空。只有给学生留有充足的时空开展探究活动，学生才能有所发现，有所创造。为此，必须优化课堂教学的时间管理，充分发挥教学时间的综合效用。教师设计每个活动时，注意留给学生活动的时空，创造问题情景，增加课堂中学生独立思维的含量。

四是探索学习方式自主化，增强师生互动的有效性。新课程倡导"面对学生全体，全面进行教学"的教学理念，教师在有限的时间内有效地利用积极因素，避免或消除消极因素，采用更适合于学习者语言发展的课堂教学方法，是教学成功的关键之一。有效的学习活动不能单纯依赖模仿与记忆，动手、实践、自主探索与合作交流是学生学习的重要方式。通过有效的活动，以学习方式的多样化促进积极的思考，在思辨、操作、争论、探究的过程中，增强师生互动，实现有效学习。教师要根据教学内容和问题情境，适时地引进小组合作学习，帮助学生设计恰当的学习活动，指导学生利用学习资源。在具体组织时，每个学生有明确的分工，有充分的合作学习时间。同时，教师为学生独立探究和相互合作提供中介性工具，凝练出有探究价值的问题。

五是注重学习评价的激励性，实现有效学习。对学生的评价既要关注学生的学习结果，又要关注他们的学习过程，既要关注学生学习的水平，又要关注他们在活动中所表现出来的情感与态度。要注重学习评价的激励性，坚持发展性评价的原则，确保课堂教学评价以学生发展为本，为创造有利于学生自主学习、独立思考、合作探究的课堂氛围服务，从而使评价成为激励和引导师生发展的手段。因此，教师要尊重学生的需要，保护学生的自尊心，增强学生的自信心，激活学生的进取心。尊重不同学生在知识能力、兴趣等方面的需要，有针对性地设计不同层次、不同类型、不同水平的问题，使不同的学生都有机会参与教学活动，都有可能在学习的过程中有所收获。同时，要恰当处理学习活动中不同类型的反馈信息，如注意各种学生的回答，相信每个学生的每一个回答都会给自己和别人带来一些启示。

参考文献：

格兰特·威金斯，杰伊·麦克泰格. 追求理想的教学设计（第二版）[M]. 闫寒冰，宋雪莲，赖平，译. 上海：华东师范大学出版社，2017.

邵陈标. 新课程背景下促进学生有效学习的思考与实践 [J]. 当代教育科学，2005（2）.

陈心五. 中小学课堂教学策略 [M]. 北京：人民教育出版社，1998.

如何实现教材的破与立以提升课堂对话品质

问题发现

在英语课堂教学中，对话教学是最重要最常见的一种教学策略。新课程标准指出：对话教学是对传统的课堂教学中的教学目的、教学方式等方面的革命。它是重视互动交往的教学，是重视沟通与合作的教学，是重视创造与生成的教学，是敬畏每个生命和以人的发展为目的的教学。

但是，根据对自己多年教学的反思和对同事课堂教学的观察，我发现大多数教师在准备课堂教学对话时仅仅是围绕教材和教参，首先确定好教学重难点，然后再选择相关的操练方式，目的主要放在了任务的顺利完成和内容的熟练程度上。也就是说，在英语对话教学设计和课堂具体实施上，往往"教什么"和"怎么教"是教师关注的重点，忽略了追寻对话教学的"高品质"目标。

问题分析

对话的艺术在于不是强制的，不是被人操纵的，而是双方的一种合作。教师自身自觉的专业化成长是提升对话品质的基础。有些教师忽略了不断地进修学习这一重要的行为，没有通过读书反思，不断提高自己的跨文化交际能力和英语文化修养，提升自己的听说读写能力，不注重及时把握最新的教学思想和方法，了解最新的阅读、对话资源；尤其是缺乏课程创生能力，对教材的校本化实施缺少有效的操作方法与策略，未能基于单元进行教学设计，也不敢突破学科的边界，联系生活实际，尊重文化习俗，遵循语言学习的规律，对学习素材和广泛的课程资源进行师本化或生本化整合；同时，也缺乏鼓励学生通过不同渠道多读书、多研究，沉入到生活和世界中去，丰富自己的人生阅历的意识。这就导致了师生不能从课程的高度创造性地运用教材，没有能力在对教材的破与立中提升课堂对话品质，实现英语教学的有效性。

解决方案

我认为，要想实现在课堂上提升对话品质这一目标，必须站在课程的高度上，在教材的破与立中寻找突破。

第一，基于课程标准整体设计对话教学，再造课堂流程展开对话。

课程标准限定的是学生的学习结果，基于课程标准的对话教学设计，就是教师根据课程标准规定的对话结果来确定教学目标、明确评价方案、设计对话活动，要求教师"像专家一样"整体地思考课程标准、教材、教学与评价的一致性。

因此，我在准备对话教学时，打破了传统的课堂教学流程，把课堂按照对话内容、对话功能和特点进行流程再造。新的课堂流程共分五个环节：

目标定向：师生共同明确对话和探究方向，确定核心问题及对话话题。

学生先学：学生根据教师提供的对话材料进行生本对话，为合作对话做准备。

合作对话：在班级内形成小组内部、小组之间、生生之间、师生之间的广泛多向对话，满足不同层次学生的学习诉求。

点拨拓展：教师依据合作对话情形，根据学生展示效果，适时点拨、梳理和引导，师生展开深度对话。

反馈评价：对课堂教学效果进行反馈与评价，对学习成果和对话过程予以精当点评。

为了使课堂对话更加高效，实现对学生课堂互动的可控性，我开发了与课堂流程相一致的学与教的载体："课堂学习模板"。"模板"明线是学生学习的流程，暗线则是教师教学的流程。以此引导学生发现问题、呈现问题，然后在课堂上讨论交流、合作对话。内容不仅有适合学生操作的"学习目标"，而且提供了根据课程标准和学生学习实际而设计的对话文本、对话方法和形式等。

这样，整堂课的活动不再是按照教材顺序展开，而是根据对课程标准、教材、教学与评价的思考，以及对学与教的过程、课前自主学习与课后巩固的思考，整体地进行了一体性设计。师生不囿于教材，根据课堂流程自由展开对话，更容易建立新旧知识之间的联系，随机产生灵感，进行生命的相遇，生成一些精彩且充满智慧的课堂对话。

第二，把对话导向现实生活，以艺术化的形式和手段实现对话的创生功能。

英语学习的普遍规律大体上可以概括为：由原结构到新结构、由单模式到复模式、由接受到表达、由模仿到创造。英语作为一种语言，来自于生活，必须还原于生活。英语学习是艺术性活动，艺术是生活的结晶。因为语言的学习、发展及运用，既具有艺术的所有基本特征，例如创造、美感、节奏、灵感等，又包含各种专门艺术形式和手段的运用，如英语游戏、英语歌曲、英文诗歌、英语图画、英语情景剧等，其内容与学习者的思想、感情、修养等相和，才能产生共鸣。

为此，我就经常把这些英语学习的艺术形式和手段作为设计对话的载体，努力创设情境，把文本知识与现实生活对接，模仿和再现英语文化语境，由生硬的、枯燥的文本导向鲜活的、生动的生活。这样，学习者就会很容易进入真实的、自然的、自由的语言对话之中，进入艺术再创造的角色中，在不知不觉中掌握英语。

在灵活运用多种英语艺术形式和手段的过程中，我把表演情景剧作为提升对话品质的主打项目。我鼓励指导学生根据教材内容或根据课外阅读文本选择剧本自行进行编排，布置简易的场景，准备简单的道具，设计富有表现力的动作和旁白加以表演。有时在课堂上表演，有时干脆直接走出教室，到操场上、草地上、商场里等地方去表演。

这种形式的对话教学，同样打破了教材的编排顺序和内容，根据需要重新寻找和创新对话形式与内容，给学生提供了较大的活动空间和想象余地，激发了学生主动说英语的积极性，开阔了视野，增长了见识，了解了英语国家的风土人情、人文历史和社会文化，有利于学生灵活运用学过的知识，能够发展学生的审美能力与合作精神，训练了学生良好的心理素质，对话品质自然得到提升。

第三，以"学习型组织"为载体，捕捉生发资源，建构对话新意义。

目前英语对话教学的误区是：一方面，教师认为对话即"谈话"，放大了学生的自由，出现主题缺失的对话局面，忽视了对话的共生性；或者认为对话即"问答"，交流受到正确答案的限制，对话的思路受到阻塞，学生不能充分地表达自己的思想与观点。另一方面，对话过程中学生由于散落在课堂里，集体共享思维过程缺失，再加上课堂上缺乏科学的组织管理，有效的合作意识难以形成。

为了摆脱英语教学中的误区，追求高品质的对话，近几年我创建了一种课堂组织形式："学习型组织"。按照教学相长的原则组建管理单位，在综合分析学生特点的基础上，将班级中的学生平均划分成相对平行的十个左右的单元合作学习小组，每个小组一般由 A、B、C、D 四个层级的学生组成，每个学习小组就是一个"学习型组织"，每个"学习型组织"都有自己的组织文化，有自己的组织结构。

这就方便了对话的具体操作，英语对话教学中常见的师生对话、生生对话、生本对话，很容易地就形成了一个以学生为核心的完整的网状对话结构，打破了传统教学中单一的师生对话以及合作学习中单一的生生对话的格局，有利于最大限度地提供学生对话合作的机会。

比如，在我实践的课堂教学的五大环节中，其中的"学生先学"环节就是实现生本对话的自由阵地，学生在这一环节里，根据第一步"目标定向"过程中师生设定的学习目标，在自主阅读文本的基础上，揣摩作者和编者的意图，进一步深化认识，为师生对话和生生对话提供对话素材和问题。教师在这一环节应指导学生在遵守文本的基础上进行联想，对其中的"不定点"进行生发。

"合作对话"环节主要是实现生生对话的场域，学生在这一环节里，以"学习型组织"为基本单位，或在"组织"内部两两对话、四人对话，或"组织"之间展开对话。在对话的过程中，首次机会要让给水平稍差的学生，一人代表本组发言时如果有漏洞或不足，本组内其他成员可以及时补充。鼓励"组织"内部的创新与生成，如果"组织"某一成员有创建性发挥，就当堂为该"组织"加分，并计入课堂评价档案，每周一汇总表彰。奖励不以个人为单位，而以"组织"为单位，A 层学生与它组 A 层学生比，B 层学生与它组 B 层学生比，每个人都有赢得第一和获得表彰的可能。因此学生们为了本"组织"荣誉而都积极主动地参与到对话活动中来。

"点拨拓展"环节则是实现师生深度对话的主要空间，在这一环节里，教师充分发挥自己的水平素养、文化背景与生活经验，在与学生对话中实现点拨、梳理和引导，对话的过程也是"头脑风暴"的过程。学生在这种情境里，思维容易被迅速激活，表达的欲望强烈，对话内容、情感、形式会出现奇妙的智慧生成，促使对话自觉建构新的意义，使课堂对话精彩纷呈、高潮迭起。

由于英语学习环境的缺乏，学习语言知识本身会出错，语言的交际运用更加会出错，导致英语课堂比其他课堂有更多的错误。因此，我把学生在对话中出现的错误当作一种难得的课程资源，纠错者与答错者同样赢得鼓励，这样就会加深他们对正确知识的理解和记忆，不但使学习变得有趣，而且学生的思维也得到了空前的调动。课堂对话中产生错误的时候，正是师生在课堂上对教材重新调整、生发学习资源的最佳时机，这是提升对话品质必须高度重视的一个策略。

这样的课堂，教师面对的不再是一个个的学生，而是一个个的小团队，学生之间的对话也是以团队形式出现，因为每个团队都有严密的组织原则，加上多元评价思想的渗透与以人为本、民主思想的观照，课堂上的对话就实现了师生、生生的地位平等。和谐的师生、生生关系，激发了所有学生主动参与对话的愿望，每个人在欣赏和尊重中主动向对方敞开心灵的窗户，在对话中提高了英语学习效果。

课本剧表演如何基于学生视角解读文本

⌄ 问题发现

一年前我校罗蓉老师第一次执教《周亚夫军细柳》这篇文言文，那节课主要引导学生以课本剧的形式展现《周亚夫军细柳》的内容，在此基础上分析人物形象。整堂课很热闹，无论是表演的小组，还是观看的学生，都沉浸其中，大家的兴趣被调动起来。表演结束后，她请其他同学点评每个人物的表演，大家基于自己对人物形象的理解，从动作、语言、神态等角度进行评价，说得头头是道，一节课下来，她也觉得心满意足。

但是，在后来的教学实践中，她却慢慢意识到，自己很缺乏文本解读的意识，之前的那次执教，她可能被学生"骗"了，因为现在的学生在老师的"训练"下，很会说"套话"，对一些基本问题的答案甚至能做到"信手拈来"，对于文本，却很少关注。这与教师的教学理念有很大关系。教师在课堂上如果不带领学生进入文本，深入文字，只是泛泛而谈，那学生的语文学习就永远只是蜻蜓点水，浮于表面，提高他们的语文核心素养也就无从谈起。

⌄ 问题分析

《义务教育语文课程标准（2011年版）》提出语文的基本特点是"工具性与人文性的统一"。工具性是语言教学的本质要求，通过对字、词、句、篇的理解与掌握，达到交流无障碍。人文性是语言教学的重要要求。人文性是一个大的文化范畴，既涉及语言文字及由其构成的作品，也涉及作品所反映的情感、社会生活、价值观等。人文性注重对学生道德规范、情感熏陶、思想价值的影响，可以说语文的人文性相较于工具性是更高的要求。二者是鱼与水的关系，相互统一，不可分割。这就要求在文言文教学中体现文言并重，既要重视字词翻译的落实，也要关注作品本身所蕴含的人文内涵。

解决方案

对于文言文教学，教师如何在文言并重的理念下进行文本解读？如何通过任务驱动的方式引导学生深入文本，挖掘文字背后的东西？当第二次执教《周亚夫军细柳》时，罗老师对以上问题有了进一步的思考。

一是目标引领，任务有梯度。课文就是例子。一篇文章涉及的训练点可能会有很多，在教授这篇课文前，教师要结合课标、单元目标、文章本身的特点以及学情等因素，确定本文最值得训练的角度，即明确本课的学习目标。在目标的引领下，教师要设计相对应的学生活动，利用灵活、有趣的教学方法融入到文本教学中，营造一个鲜活、灵动的文本教学课堂，使学生能够积极地融入到一个良好的学习氛围中，促进目标的达成。设计的活动既要贴近学生生活，又要贴近文本。如果教师对文本解读的重心发生了偏离，仅仅关注了情境的创设、活动的设计而忽视了对文本的深度解读，课堂就会流于表面的喧嚣而没有时效，就像罗老师第一次执教这篇课文时一样。

经过综合分析，罗老师确定的学习目标是理解人物形象和把握写作手法。为了达成这两个大的目标，罗老师将其分解为几个有梯度的小目标，并设计了相对应的学生活动。"以天子先驱的口吻复述故事"，一方面是为了了解学生对文章的熟悉程度以及在翻译中存在的问题，另一方面是为了引导学生换一个视角，创造性地梳理文章内容，激发学生的学习兴趣。"填写表格，比较汉文帝在霸上、棘门军营与在细柳军营受到的不同待遇"，引导学生阅读文本，关注细节，初步感受周亚夫的形象。"填写脚注，分角色朗读"是本节课的重点，旨在引导学生通过揣摩语言、咀嚼文字，在朗读中进一步体会周亚夫治军有方、刚正不阿的形象。"总结汉文帝受到的不同待遇"是为了引导学生抓住关键词语，感受汉文帝识大体的明君形象。通过以上为学生搭台阶、设支架，在"探讨主人公"环节，学生就能很自然地得出本文"衬托"和"对比"的写作手法了。

二是聚焦重点，材料分主次。文本解读不是漫无目的、毫无重点的，应围绕本节课的学习目标展开，在文本理解的核心处、疑难处、矛盾处，深入发掘，潜心推敲。教师在引导学生仔细阅读文本时，必须帮助学生找到切入点，然后对文本内容进行推敲，进一步探索文本的内涵。要促使学生和文本进行深入对话，让学生在对话中真正理解文本的内容，而不要用自己的个人化理解来代替文本原来的意思，令理解产生偏误。只有当教师立足学生，从学生的视角出发去发掘文本、探究文本，才会有恰当的文本解读。

《周亚夫军细柳》这篇文章虽短小精悍，但人物形象鲜活，第二自然段集中体现了周亚夫的"真将军"形象，这一段也集中体现了作者司马迁语言的精妙和传神。因此，本节课罗老师以第二自然段为切入点，引导学生聚焦本段四个人物的语言，在揣摩人物语言的过程中进行文本细读。

文章的第一、三自然段可训练的点不如第二自然段集中，罗老师将其分别作为探讨对比手法以及揣摩汉文帝形象、脚注范例的材料。这样，文章的三个段落材料成了达到不同训练目的的例子，不仅各尽其用，而且主次分明。

三是文本细读，见微方知著。所谓"细读"，就是教师指导学生对文本内在言语、结构进行细致把玩，发掘文字背后蕴藏的意义和情味。叶圣陶先生的"一字未宜忽，语语悟其神"说的就是这种方法，强调对每一个字、每一个词都不能轻易放过，要细细体会其作用，揣摩作者用意。本节课的重点是揣摩第二自然段中四个人物的语言，感受周亚夫的形象。罗老师带领学生真正走进文本，在字里行间捕捉人物散发出来的魅力。

抓关键词语。如品读军门都尉的语言时，引导学生关注"闻"与"不闻"的强烈对比，从而感受军队的治军有方。品读壁门士吏的语言时，通过探讨"将军""不得"是否重读，进一步引导学生感受军纪严明。

抓细节描写。分析周亚夫的形象时，抓住文中对其直接描写的那一句话，除了通过朗读，揣摩人物语气之外，重点抓住"揖"和"拜"两个动作，引导学生结合下发资料，比较"揖"和"拜"的区别，比较哪个动作礼节更大，进而追问周亚夫为什么不拜，让学生深入文本，关注文中的历史背景"匈奴大入边"。学生通过文字感受到周亚夫不因为皇上的到来而变得恭恭敬敬，而是保持军人本色，真正体会到了周亚夫的"刚正不阿"。教师通过追问细柳营还有哪些表现也印证了边疆的局势，引导学生进一步回归文本，找到"军士吏被甲，锐兵刃，彀弓弩，持满"，结合出示的图片，帮助学生进一步理解"彀弓弩、持满"的含义，在全军上下整装待发的紧张状态中，让学生真切感受细柳营的治军有方。

抓标点符号。品读天子先驱的语言时，可将其末尾感叹号与军门都尉的语言末尾的句号进行对比，在朗读中感受天子先驱的趾高气扬和军门都尉的严肃坚定，这样，人物形象的把握也就更加准确了。

苏霍姆林斯基曾说："为了上好一堂课，你一辈子都在备课。"在语文课堂上，老师们要帮助学生学会解读文本，学会欣赏作品，体会读书带来的乐趣。因此，语文老师必须研读文本，帮助学生提高阅读理解水平，让学生自由遨游在文学的殿堂。

参考文献：

张永林. 基于学生视角的文本解读策略研究［J］. 中小学教师培训，2018（2）.

如何实现小组合作学习评价课堂内外的完美结合

学校实施"师友互助"教学，提倡一名学业优秀的学生做学业较差学生的老师，实现互帮互助的效果。通过多次观课发现，这种方式的合作学习，对师友的角色分工与管理评价标准缺失，只是浅层次的互动交流或互相检查学习结果，对于一些较有深度的问题或体验式、情境式的问题未能有效地展开合作学习。至于以四人为一小组的小组学习方式更是缺乏理论指引和实际操作指南，仅仅停留在互相讨论问题答案的层面上，合作效果不尽如人意。尤其值得注意的问题是，整个小组学习过程缺乏活动规则以及评价反馈，课堂上随意的合作没有评价的指标与规范，未能形成连续的反馈激励机制与载体。课内与课外、每天每周每月每学期、各种学习活动任务之间形不成系统连续的管理机制。因此，这样的小组合作学习容易流于形式，不能起到真正的合作学习的功能。如此运行下去，老师会错误地认为小组合作学习也没有什么神秘之处，没有什么特别的学习效果；对学生来说，更是以应对为主，在表面上热闹一番，体会不到真正的合作学习的价值，其思维、质疑、归纳、对话、合作等素养得不到真实的锻炼。

出现以上问题，一是因为教师对小组合作学习这一学习方式的理论与理念缺乏理解，比如如何分组，组内学生角色如何分工，如何进行讨论、对话、分工、辩论等方式的学习，如何进行活动任务设计，如何进行反馈评价管理，如何进行小组文化建设等。二是因为学校没有以学校、年级或班级为单位进行整体推动，老师们处在各自为战的状态，未能深度推动这种方式的学习。三是因为教师缺乏科学指导，导致平时效果较差，普遍存在积极性不高的现象，对教学设计中的目标、内容、问题、活动、评价等不能一体化设计，尤其对问题的选择，不能做到适合小组合作，活动设计不符合小组合作学习的需求，对小组合作学习的流程、技术、方法等操作知识与经验相当欠缺。四是因为对于小组的管理与评价，不是以小组为单位进行，课上与课外不能衔接，缺乏平台与载体对学习结果与效益进行评估，形不成长期联动机制。只有做到全面而有效地进行小组评价，才能促使学生课堂上积极合作、努力思考、踊跃发言，课外自主进行学习。长此以往，学生的素养才能提高。其实，关于小组合作学习，最关键的，也是大家最忽略的，就是小组的学习活动评价问题。而这个问题，需要因人而异，根据自己的兴趣、特长与管理优势选择适合的方式，更需要大家互相交流学习研讨，取长补短，不断地进行探索研究。只要我们积极发挥小组评价的优势，就一定会使教学事半功倍。

解决方案

下面以我校一语文老师的实践探索为例，来谈谈如何实现小组学习评价课堂内外的完美结合。

一、课堂学习，激情飞扬

课堂上，学生能够积极发言、展示，归功于小组教学的实施。小组教学模式的应用使课堂充满了激情，尤其是学生的热情高涨。在此教学过程中师生之间、学生之间可以更有效地进行交流，学生相互学习、相互督促、共同提高，同时学生的合作、团队精神也得到了培养。可以说小组合作学习促进了学生的全面发展。

如何使小组教学的优势发挥到极致？关键是做好以下几点：

1.分组有规则，命名更和谐。

分组一般是以学生的学习水平、性别、个性、心理素质、发展潜力等综合因素为依据，四人一组，前排两人，后排两人，便于随时合作交流。每个小组成员分别为1号、2号、3号、4号，1号是组长，成绩优秀，具有领导能力和组织能力，2号、3号是中等生，4号是后进生，各小组的总体实力基本相等，这就使得组间同质、组内异质，有利于组与组之间的公平竞争，也有利于组内成员互相帮助、取长补短。

为了激发各小组的竞争意识，各小组根据自己的目标、组员姓名特点、组员特长、组员喜好等进行命名。这些各具特色的组名使所属组员倾心、关注、不甘落后，真正成了组员勤奋进步、争取胜利、获得荣誉的强大动力。

由于这种按号称呼的方式损害了部分学生的自尊心，时间一长，还会导致这些学生自甘落后，其他学生也会受老师的影响对其轻视，所以我们根据组员不同的水平重新纵向命名，每组1号、2号、3号、4号学生分别再分成一组，共分四组，命名为：实力组、潜力组、奋进组、勤奋组。

北京师范大学心理学院副教授林丹华说："孩子在成长过程中，社会性培养过程中很重要的一步是同伴的接纳、认可和肯定。同伴的认可对他们的影响甚至超过了父母对他们的影响。如果在成长过程中，不被同伴接纳，甚至被同伴嘲笑，这会造成心理上深层次的伤害，因为这伤害到了最根本的部分。这将会对其将来的成长、融入社会造成深远伤害。"这纵向的分组及命名使教师尊重了学生，在教师的带动下，学生之间也互相尊重，有利于组内成员互动解决问题，真正达到了和谐的境界。

2.评价有秘诀，竞争更踊跃。

要想真正调动小组间的竞争，评价是至关重要的。开始的时候，评价一定要有激励性，不要过分计较学生的答案是否正确，更应该关注学生是否积极思考了，是否踊跃发言了，所以评分规则是：实力组发言加1分、潜力组发言加2分、奋进组发言加3分、勤奋组发言加4分；如果答对分别加1、2、3、4分，如果答错加积极思考、勇气分，分别为0.5、1、

1.5、2分。

这种只加不减的方法，使学生没有了后顾之忧，只要思考了，回答了就为自己的小组争光，提高自己在小组的地位，还有什么理由不积极表现呢？

由于小组内不同实力的学生回答得分不同，各组的组长就会自动调节并及时督促得分多的组员回答问题，除非是高难度的，组长一般不会亲自出马。当自动调节效果不好时，教师要及时指导调整，从而达到最佳效果。基础、勤奋程度、学习水平较差的学生因为发言的价值高，成为全组关注、督促的对象，从而提高了他们课堂参与的积极性。水涨船高，可想而知，整个课堂，学生的情绪是多么高涨。

根据组员的得分，组长计算出小组的总分，教师评出每节课的优胜组、每周的优胜组、每月的优胜组。根据不同的荣誉，会分发喜报、奖状、奖品等。当然，每组中表现突出的个人也要得到相应的奖励。这样既有利于组间竞争，又有利于组内竞争，还有利于个人间的竞争，可谓三全其美，这样的课堂岂能不美？

二、课外自主，积极踊跃

我国著名的语言学家吕叔湘先生说过，他学习语文，三分得益于课内，七分得益于课外。从各种课外书中可以获取丰富的知识，可以跨越时空了解古今中外的事情，还可以通过阅读和各种名人对话；多读课外书还能提高学生的作文能力，"读书破万卷，下笔如有神"。

所以，激发学生课外学习的兴趣格外重要。

1.评价多方面，课内兼课外。

小组评价，课堂上的表现只是一方面，另一方面就是课外学习情况。比如评价今天的练习书写情况，书写层次为 A、B、C、D，分别加分 3、2、1、0，组员要想提高小组的总分就要认真书写，养成认真的习惯最有优势，各组员也会互相监督，效果就可想而知了。

为了养成学生自觉读书、练笔的习惯，评价时加重了相关的评价分数：读名著，写感受加 6 分；缩写名著加 8 分（缩写部分章节或小组合作缩写整本书）；评价人物加 4 分；概括某章节内容加 4 分；推荐好书，理由充分加 5 分；等等。

各组员积极写日记，每周写一篇，这一篇中有一个好句子加 3 分，两个好句子加 4 分，好句子越多，加分越多，不仅激发了练笔的兴趣，更保证了质量。更重要的是，组长等有实力的学生之间展开了积极的竞争，不仅提高了优秀生课外学习的兴趣，更使他们起到了有效带头作用。全班形成读书、练笔的氛围只是时间问题。

2. 评价有载体，课外更努力。

小组评价通过记分的方式，只能计算出小组的总分，评价小组的名次，不能直接体现组员的优秀成果，导致学生的榜样作用、成果的示范作用发挥得不够，所以评价的载体必不可少。

经过师生的讨论，决定每两周出一期《读写点评报》，由组长负责审阅、统计、推荐，书写好的学生抄写，打印更好。出版后发到学生手中，阅读后说出或写出自己的感受与收获，经典点评在下一期刊发。

每一期的内容主要包括：优秀作文推荐、精彩日记推荐、好句摘录（自己写的作文或日记中的）、名著缩写或人物评价或内容概括、学以致用（运用课文中学到的写法仿写句子或段落或文章）。

通过有效的载体，展示了学生的优秀成果，起到了示范的作用，身边的榜样更近，更能发挥榜样的力量，从而促使学生积极、有效地进行课外读写，养成良好的习惯指日可待。

其他学科老师可以参考该老师的实践经验，根据实际不断探索，形成更加有效的小组合作学习评价理念与方式，让小组合作真正提升学生的学习能力和兴趣，发挥团队合作的功能，提升学生的批判性思维能力、理解互助能力、沟通交往能力、动手操作能力、展示表达能力等多种素养。

"线上"教学如何进行微改革

问题发现

疫情期间，在线教育平台迎来爆发的春天；未来的学校，线上线下融合已成为挡不住的趋势，习近平主席在给国际教育信息化大会的贺信中提出建设"人人皆学、处处能学、时时可学"的学习型社会。人工智能、大数据、"互联网+"等信息技术，正在深刻地影响着教育评价的形态，促进它的转型。正如北师大校长董奇所说：智能化教育评价的新趋势已经出现。这个趋势带来了一系列变化，最重要的就是回到教育的本质——促进学生德智体美劳全面发展，"互联网+"时代呼唤着"全学习"。

何为"全学习"？它是通过规划学生所处空间的氛围、资源、文化，以丰富的学习资源，支持"多种学习方式"的选择，促进学生自我学习、发现问题、提升解决问题能力的一种学习环境。

疫情将人们禁锢在家中，企业停工，学校停学，但是教育不能停，学习不能断，"人人学习，时时学习，处处学习"是当下的需要。"全学习"理念下的教育有一些理想化的诉求：需要摒弃匆忙行走的习惯，走向学生的内心，邀请学生体验生活；直面生命个性，关注学生的真实兴趣和情感；教育者需要创造机会帮助学生生成观念、敢于质疑；尊重学生，为学生提供更有意义、更有价值的学习。

问题分析

无论是教育者还是受教育者，大都习惯了匆匆赶路和激烈竞争，但这次疫情给整个社会按下了暂停键。"停课不停学"方案的发布,让我们有足够的时间把上述理想化的诉求进行实践,现在重要的是让学生对现状进行思考,而非拼命汲取书本上的知识,社会和生活本就是最好的课堂。疫情期间,北京市教委专门召开工作部署会,提出要依据不同年段、不同类别的学校学生的特点,基于不同的生活和学习主题,对学生进行分类指导,提供居家生活和学习的专业指导与建议。如何让学生居家也能做到"不停学"呢?

解决方案

首先,教师应倡导学生居家开展科学健身活动。长期宅家缺少体育锻炼会影响体质,何况身体正处于发育阶段的初中生,学生可在学习之余进行跳绳、做健身操、做俯卧撑或是参加居家劳动,这都是不错的运动健身方式。受新冠肺炎疫情的影响,越来越多的人意识到运动的重要性,先有好身体,才有免疫力,教师和家长应该深知,一个孩子如果能将运动的精神贯穿一生,不管是身体上还是精神上,都将是一件受益终身的事。

其次,在这个特殊时期,教师应引导学生关注新闻时事,感受防疫一线人员的崇高精神。如首都师范大学附属密云中学凝聚集体智慧,挖掘疫情背后思政教育资源,在延期开学期间开展具有学科特色的实践活动,确定了"疫情下'最美逆行者'"和"疫情下'中国速度、中国力量'"两大思政课活动主题。我国在疫情应对上有哪些优势?中国共产党是如何执政的?居委会、村委会作为基层群众自治组织在日常生活中发挥着怎样的作用?……学生们将带着这些问题进行研究探索。

疫情期间,教师应鼓励学生居家进行探究性、研究性学习。如朝阳区实验小学录制的课程并未涉及新课,均是游戏、拓展、探究类的课程,包括了文化空间、思维乐园、公益讲堂、英语世界、艺术长廊、劳动能手、体育达人七大版块的内容,体现了全员育人、全程育人的教育理念。

同时,学生成长阶段应该多阅读经典文学作品。阅读构建起的是孩子内心的世界观、人生观和价值观。延长假期在家无聊，有学生想要我推荐几本书读一读，学生如此好学，我感到很欣慰，于是细心将读过的书分类并标注好主题给学生发了过去。对孩子来说，最好的阅读方式其实是亲子共读，在家中开辟一处"阅读角"，父母可以与孩子商讨"阅读角"的布置装饰，制订阅读计划，做好读书笔记，浸润书香。

在未来，在线教育将会成为学校教育的有效补充，而且这种补充会越来越充分。现在传统院校都在大力研发在线学习课程，疫情加速了在线教育的发展，作为教师，为了更好地迎接和适应这种转变，需要不断地学习、探索和实践。

疫情"遭遇战"，学校、教师在组织安排学习任务时大多仓促，很多线下老师匆匆"上线"，将官方免费公开平台、商业平台以及民间互联网学习平台进行搭配组合，更有教师频繁穿梭于各类通信工具之间。对此，师生难免心生无奈，但是抛开畏难情绪看本质，线上学习逐渐成为全球教育发展的新趋势，我们应该学会运用多个平台、多种工具和大量资源，进行自主探索，只有这样才能有效提升学生面对未来挑战的核心素养。

良好的家校沟通是线上学习的保障。我们发现线上学习虽然授课时间灵活，不受空间的约束，学生自由度高，但其局限性也是显而易见的，如果学生缺乏有效的管制和约束，将注意力转移到电子产品上，效果适得其反。这就要求家长负担起监督孩子的学习、约束孩子的不良习惯、提升学习效率的责任。同时，家长要加强和老师的联系，构筑起"家校互动"型的教育督查机制，和教师一起助力孩子的成长。

苏霍姆林斯基说："只有激发学生去进行自我教育的教育，才是真正的教育。"教师应意识到"自主"是进行线上辅导的主要方法，应调整教师教与学生学的时间。学生居家学习事实上已经离开的教师直接管控，也没有以往学生之间你追我赶的学习氛围，因此教师在精心准备辅导课程的同时，应该拿出更多的时间指导学生自学，尽量避免花费大量时间用于讲解知识点。如果广大学生能在这次疫情中学会自主学习，其教育意义将大于正式课堂教学。

业内有一种声音，将这些临时爆发的在线课堂需求归因为"口罩效应"，大灾过后，这些在线课堂将如"口罩"一样，被弃之如敝屣。我们要避免"口罩效应"，认真思考能给学生们带来哪些可以长久留存、影响深远的教育，避免"一次性"的窘迫。

只要学生有一颗想学习的心，网络就是良好的平台，家人就是最好的老师，自己就是最坚实的后盾，这便是"全学习"时代的诉求。云端授课推动教师快速适应并重新思考，如何在实体的学校之外，再搭建一所云上的学校。我们只有扎扎实实地以细节为基础，才能避免这所云端学校成为一片盲目飘动的"浮云"。灵魂的轴心，从来不因外在变迁而散乱，对于教育来说也是如此，"静"能生"定"，此时应该做而且能够做的事，就得在此时做，不推诿到未来。疫情下的"全学习"课堂能给学生带来何种有意义的教育，仍需要我们不断思考。

第四辑

好学校是一方池塘

美国哲学家罗蒂·鲍尔有句名言：如果你走路不知道要去哪里，你就很可能无法到达那里。

犹如暗夜里的满天繁星，必将照亮漫漫长旅，文化正是学校要走向哪里的一座精神路标。

全人之美课程总设计师干国祥认为，缺乏文化自觉的学校永远沉湎于学校的事务怪圈、技术操作、规章制约、任务完成。而具有"文化自觉"的学校，则清楚地知道自己在秉承什么，知道自己想要用一种怎样的理念去贯彻到学校的方方面面，去影响全体师生的生活，它关注的是呼唤教育教学的精神追求和皈依，崇尚扎根于心灵深处的对自由、高卓、尊严、纯真和诗意的精神祈望与眷注。

有如此文化自觉的学校，就像是一方池塘。学校的使命，就是要在池塘里注入适合各种生物生存的一汪净水、活水、深水。"如果你在地里挖一方池塘，很快就会有水鸟、两栖动物及各种鱼类，还有常见的水生植物，如百合等等。你一旦挖好池塘，自然就开始往里面填东西。尽管你也许没有看见种子是如何、何时落到那里的，自然看着它呢……这样种子开始到来了。"在梭罗的笔下，池塘就是种子诞生信仰的地方。

好学校的价值，正如池塘，要为学生创造一个可以自由呼吸、自在生长的文化生态环境，赋予学生赖以生存的阳光、空气和水。一方蓄满了爱与美、尊重与自由之水的池塘，会把生命带向无限的辽阔与高远……

学校是怎样变得"有文化"的

∨ 问题发现

　　大家都明白要在继承传统的基础上创新的道理，毋庸置疑，这在具有深厚文化内涵、拥有优良文化传统的学校里，是必须遵循的发展规律。但是，由于诸多因素的影响，不少学校并没有形成诸如优质学校或百年名校那样可以继承的文化传统。这些学校一年一年地重复着那些没有多少文化意义的传统活动，比如考试、上课、加班辅导、批阅作业、应对检查等，缺少经典的、能够为工作注入热情和理想的传统文化。

　　我所工作的学校就如此，这所学校原名叫密云区第七中学，是一所城乡接合部学校。它建于 2009 年 9 月，建校初期是当地一所高中的初中部，2013 年 1 月独立办学，2015 年与北京市育英学校合作，学校有两块牌子，一块是密云区第七中学，一块是北京市育英学校密云分校。2016 年 7 月，我来到这所学校以后，最终确定校名为北京市育英学校密云分校。学校没有深厚的文化底蕴，办学宗旨不清晰，办学目标不明确，而且没有可传承的办学理念，没有形成规范的制度与有效的运行机制。

∨ 问题分析

　　我经常去参观一些优质学校，通常能感受到这些学校无法言说的特殊之处。这种转瞬即逝、理所当然的东西，其实就是所谓的"传统文化"，它具有很大的影响力，将这里的人、行为和观念都裹入明天的目标。社会学家威拉德·瓦勒早在 1932 年就写道："一所学校应该有自己的独特文化。在这所学校里面，有复杂的人际关系礼仪，有整套的社会习俗，有独特的道德观念，有非理性的约束和制裁，有根据这一切制定的道德规范。"

作为学校精神的领导者——校长，其最重要的作用就是创新、激励，带领教师、学生、家长和管理人员共同努力，在处理危机和取得成绩的过程中逐渐创立起一种传统的运行模式，并坚持让这种模式具有高度的持久性，以对人们的行为产生重要的影响，塑造人们的思维、行为、交往和感受方式，为学校各项创新性活动赋予更纯净、更高尚、更有价值的意义。

解决方案

下面我借辽宁省鞍山市铁西区实验学校张晓军老师到我校参观时所写的心得体会，作为对此问题的回应，其实，这也是我带领老师们一起进行文化建设的初步成果。

这里有无处不在的教育。一走进校园，就能看到一块形似祖国地图的石头，据说这是学校新得之宝，而这块"祖国石"恰巧也回应了大门上方由学生题写的"祖国、真理、责任"这几个掷地有声的大字，"心中有祖国，追求真理，敢于担当"，这就是育英学子。

在校园里走一走，你会发现每一处布局都别具匠心，都留下了育英人的智慧，每一角落都彰显出丰富深厚的文化底蕴和先进的办学理念。每一个小地方虽看似平常，细细品味又让人大开眼界，为之惊叹。

整个校园内没有什么豪言壮语，只有温馨提示。没有现场说教，只有渲染熏陶。"成就每一个人"说得真好！不禁让我想起了之前看过的一本书《成就每一个孩子》，该校让我感觉到他们就是以孩子为中心，以孩子的需求为重，协助孩子培养一生受用、带得走的能力，永远帮孩子留一扇机会之窗。

校园内随处可见由学生写的朴实的话语标牌，偶尔会看到三三两两的学生，或是漫步，或是看书，或是对弈……时时刻刻在提醒你，鼓励你，引领你，感染你。

我们都说，一个学校的校园文化主要就是从教师和学生身上散发出来的与众不同的精神面貌，这是渗透在骨子里的一种品质。通过外在熏陶，内在培养，全校师生身上散发出一种特有气质，最后形成学校独有的一种精神气息。

脚下的每一块石砖，或呈现出不同形状的花纹，或呈现出教育理念的字样，都承载着教育的意义。教学楼墙壁上有醒目的社会主义核心价值观。花园里种着不同种类的花，树上高高挂起红灯笼……

学生作品随处可见，种类繁多，最令人敬佩的是，学校大门上毕业生的题词。走廊更是异彩纷呈，每个班级都有自己的班级文化特色，墙上的所有作品都是文化的展现。楼梯上的别具一格的文明话语，让人耳目一新。学校历史展板，校风校训展示，社会实践活动展板，优秀班级和优秀学生展板，制度细则，实时资讯，学生的课堂思维导图，这样的文化素材随处可见。

还有很多很多素材，罗列不过来。该校的校园环境围绕"人人皆学，处处能学，时时可学"的理念而建设。学校文化的物化形象不再是口号宣传，而是学生的学习场景，所有的时空都释放出教育价值，为"全学习"更好地服务。

这里有无需提醒的自觉。看一个学校，不能只看它的外在表象，更看重的是根植于内心的修养。在该校跟岗学习的这几天，我看到：自行车摆放整齐、合作摆桌椅有序、值日迅速、早上放书包整齐、上操迅速整齐、组长收作业有序、大课间整合跑步积极有序、教室内每个孩子的玩具都是同一地点统一管理……这不是简单地靠几个条条框框就能形成的，没有一定的方法和执行力是不会如此整齐有序的！班内没有垃圾桶，不许制造垃圾，每天只做一次卫生；不许带零食，不许喝带颜色的小甜水，讲绿色语言；每个班级和每个学生都有班级管理卡……我被这些场景惊讶了！难道是因为这里是首都，我们那是鞍山吗？感慨万千，思绪无头。

因此，创新本身没有任何问题，问题是我们如何去创新。今年创新了，明年再创新，后年还要继续创新，这是不合适的。常规做到极致了，细节成为习惯了，就是创新；坚守好的传统，自觉持续，即在守正的基础上创新，这才有生命力。礼仪、习俗、观念，自然形成，且成为学校人人自觉遵守的、可资传承的道德规范。

我有一种观点，即常规其实就是文化。目前，在基础教育界，流行着"争创特色学校、凝练经验模式、营造个性文化"等改革创新活动。这些创新活动无疑促进了学校的变革与教师思想的嬗变，加速了学校的发展进程，拓宽了教育管理的内涵。但是，就在这段励精图治的教育教学创新与改革过程中，我却体验到了一种潜在的危机，即我们的一些常规性工作可能被忽略了。何为常规？就是使日常的工作规范化。为了达到这种日常工作规范化的程度，我曾经竭尽全力，但是往往会出现一抓就见效，一放松就效果大跌的现象，甚至使学校出现临时突击现象，为了达到标准有时还会大动干戈，影响了同事之间的和气。大家似乎不再重视常规性的工作，只关注一些宏大的事情。

日本的佐藤学先生曾说："教育实践是一种文化，而文化变革越是缓慢才越能得到确实的成果。"钱理群先生也说："人们老是追求宏伟的目标而忘记了常识。"也有人意识到，现在的学校推行素质教育，不仅仅有硬件的问题，还有其软件建设没有真正发挥应有的作用的问题，所谓软件其实就是指的日常的常规性管理。

我们不能因为过于追求宏大的问题，而忽略了身边的具体的教育教学问题与情境。应该有一种自觉的意识和情怀，努力挖掘发挥现有的手头的资源。立竿见影的教育不是真教育，教育需要我们去慢慢体验和感受过程，需要心里思考着身边的一些细微之事，把教育中艰难的努力融入到学校的常态生活中。

有了这份心灵涅槃后的感悟，我似乎觉悟到了学校管理的真谛。有一所学校的治校理念至今深深地刺激着我：我们看学校的理念不能只见口号，我们要窥视它的角角落落、时时刻刻。

偌大的校园，没有发现一张纸片，学生公寓就像温馨的家一样，又像管理一流的宾馆；学生放学后，三三两两，都静悄悄的，没有追逐嘈杂的声音；教室内，学生们都在自主地学习；办公室里，教师们都在各忙各的工作；功能室里，整齐干净，管理员职责到位；晚上学生公寓里，值班教师在不断地巡视着。这些情景，如果说只是为一时的迎接参观不足为奇，但是，该校每天都如此，一切都显得那么从容自然，这就是奇迹。

我在想，什么是名校？如果把常规工作做到这种程度，并坚守得如此好，就是一所名校。常规的工作都做得这么好，教育教学质量能有问题？课程改革能有问题？教师成长能有问题？当一切成了习惯，当习惯成了经典，一切都会成为可能。

如今，该校长的一些话仍在耳畔回响：注重细微，将简单的事情做彻底；拒绝平庸，把平淡的工作做出特色；常规孕育特色，创新成就品味；正视现实，不找借口；常规工作有规律可循，有经验可遵；只有常规落实好了，其他的工作才有根基……

该校长曾经谦虚地对我说："我们没有特色，没有提炼出创新的名堂。"我说，这难道不是特色，不是创新？可以说，该校的常规管理与行为，已经积淀成了文化。我认为，可以称其为"行为文化"。

一所学校的行为文化反映了一所学校在自己的历史发展中，在长期的教育实践中，所有教职工和学生创造积淀并共同遵循的办学思想、价值观念、学校作风与传统、行为规范和规章制度的总和以及体现上述内容的各项物质载体和行为方式。

当具有特定行为文化内涵的学校形象被师生认同后，就会以微妙的方式来沟通人们的思想，产生对目标的认同感，从而形成一股强大的凝聚力量，团结全体师生员工，规范师生的行为，使学校管理产生巨大的整体合力，推动学校的不断发展。

参考文献：

特伦斯·E·迪尔，肯特·D·彼德森. 校长在塑造学校文化中的角色［M］. 王亦兵，译. 北京：中国青年出版社，2006.

如何表达校风才更具校本化育人功能

⌄ **问题发现**

在如今的教育管理体系中，各地、各级教育行政部门几乎都要求学校在办学理念中明确表述校风、教风和学风，在对学校进行各类督导、验收、评估时必查这"三风"。不知大家有没有认真、深入地想过，制定和检查"三风"的科学依据究竟何在？学校办学理念的提炼是否可以有自己独特的表达？是否必须把"三风"当作千校一面的标配？

为了应对这种形式的检查，不少学校纷纷匆忙上马确立了自己的"三风"，但是却凸显了不少问题。现单就校风来说明一下其中的问题。一是不少学校的校风表达雷同性很高，比如"团结、勤奋、合作、创新"之类的校风随处可见，体现不出学校的个性化特色，且语言表述方式机械单调。二是其内涵没有从学校历史文化中挖掘，不能与当下教育教学改革的需求相匹配，经不起学校发展的时间检验。三是"三风"之间的逻辑关系混乱，将其表述为平行的概念。校风是指全校成员的一种行为风尚，是一种群体风貌的展现。教风和学风分别是教师和学生这两大群体在践行校风后所呈现出的不同的精神风貌。校风大于教风和学风，前者是包含了后两者的上位概念。四是因为把"三风"并列使用，造成实际提炼与解读让人无所适从，既找不到依据，又看不见未来，更说不清当下。

⌄ **问题分析**

校风应是优良传统的总结提炼，是理想的师生风貌、教育信念和学习品行在学校蔚然成风，由广大师生达成共识并自觉践行之后的总结。从客观规律来讲，这种优良传统的实现绝不是一朝一夕之功，甚至有些学校虽经长期努力也未必能形成理想的校风。不应一刀切式地要求学校挖空心思地搞名不副实的纸上谈兵，更不该出现新学校还没有启用，校风却已经上墙这种违背规律的现象。应允许学校有自己独特的理念表述。我们倡导文化自觉，倡导教育家办学，那么就应该允许和鼓励办学者有自己个性化的教育哲学主张，有自己因校而异的办学理念的内容结构和话语模式。校风不应拘泥于单一机械的语言表达方式，可以是格言式、比拟式、典故式、象征式等。我们希望学校的校风能以更加科学、更具校本性的形式在学校里呈现，更有效地发挥育人功能。

解决方案

北京市育英学校的校风一直是"团结、勤奋、严谨、求实"，反观其内涵，基本代表了该校过去乃至现在的工作样态，也是该校多年办学实践的风格写照。这八个字所凝练体现的学校精神，是我们必须承继和发扬光大的。但时代在发展，社会在变革，在与时俱进、铸造特色中完成"立德树人"根本任务，是学校教育实践必须秉持的工作理念，如果我们的思想与行动囿于八字校风，不思改造与改变，学校改革创新的时代特征和瞩目未来、革故鼎新的进取意识就不能显现，更遑论八字校风与很多学校的校风相似甚或雷同。八字校风已不能完整地体现和阐释该校独特的历史品质、改革实践过程与未来发展理念，不能准确地展现学校历届校长、干部和广大师生的作风、教风和学风。学校应该有一个与众不同的校风，而且它就是学校自己的、镌刻着自我风格特征的一种精神样貌和价值取向。

基于此，于会祥担任该校校长以来，一直在思考，我们学校的特质到底是什么？伴随长期的思考与学校改革创新的实践，备受尊重的第一届校长韩作黎先生当时提出的办学理念一下子惊醒了于校长。韩校长说："一切为了孩子，为了中国的明天。"其实，感染着于校长的那股无形的力量就是韩校长的这句话，它原来一直在静悄悄地指引着学校发展的方向与目标，他告诫我们，学校的教育应该是指向学生的，应该始终把对学生的做人教育放在第一位。

于校长认为，学校的校风不是校长拍脑袋想出来的，而是学校历届领导班子、全校师生用脚走出来的，是根植多年形成的价值引领和愿景，是师生价值观念和行为方式的总体概括和规范，从而以此密切联系教师、学生和家长的价值观和信念，确定人们的道德责任和义务。学校会以此为指引谋求为全体学生提供支持的机会，在力所能及的范围内去做致力于学生发展的一切事情。

在学校的花园里，有五六十棵桃树，它们是建校时栽种的，几十年来，一直生长在校园里。一到夏季，果实挂满树梢，但却没有一个学生去采摘，而是让桃子静静地挂在枝头上，久而久之，自成一道富有韵味的风景。

找到了，"静静挂在枝头的桃子"，这句话是多么富有诗意的表达啊，把它作为校风再合适不过了。校风是校训的拓宽、延伸和具体化，体现了学校的办学品位与格调。1952年，毛泽东主席为我校题词"好好学习　好好学习"，学校始终保持着这一优良的传统，永不忘记老一辈革命家的谆谆教导，它在激励着和劝勉着学校的教师和学生奋发向上。

经过征集广大师生、校友和家长的意见与建议，"静静挂在枝头的桃子"作为学校的校风就被确定了下来。它有三层含义：对于校长来说，"要心无旁骛，静心办学"；对于老师来说，"要以身示范，为人师表"；对于学生来说，则意味着"懂规矩，有教养，守礼仪"。这种诠释凸现出学校的价值诉求，是学校在办学过程中长期积淀而成的具有行为和道德意义的风气，是在校内乃至社会上具有一定影响并被普遍认可的思想和行为风尚。学校办学理念与改革实践自然指向了自己的培养目标：培养"行为规范、热爱学习、阳光大气、关心社稷、勇于担当"的国家栋梁之材。

不盲从，从日常生活的小事入手，让孩子慢慢体会，切身感受，逐步培养起优秀的习惯和高尚的品德。在学校里，大胆进行教育改革与创新，校园的每个角落细节都体现了学校的用心育人，学生们有各种机会可以得到锻炼，提升自我，自由地展示自己的兴趣和爱好，个性得以绽放，快乐成长，慢慢树立起正确的人生观与价值观。同时，校风也彰显出了学校领导低调的工作作风和专心办学的精神，教师誓做学生健康成长引路人的教风，学生自律、自主和自强的学风，以及学校积淀的传统文化精神、学术风气和氛围。

"彼其忠实心诚信于士大夫也！谚曰：'桃李不言，下自成蹊。'此言虽小，可以谕大也。"（司马迁《史记·李将军传》）比喻一个人做了好事，不用张扬、夸耀，向别人邀功，人们就会记住他。只要能做到身教重于言教，为人诚恳、真挚，就会深得人心。只要真诚、忠实，就能感动别人。"投我以木桃，报之以琼瑶。匪报也，永以为好也！"（《诗经·卫风·木瓜》）意思是他将木桃赠予我，我拿琼瑶回赠他。不是为了报答他，欲结深情永相好。"投我以桃，报之以李。"（《诗经·大雅·抑》）意思是你送我桃子，我回送你李子，礼尚往来。

古人对"桃子"的比喻和赞美，很好地解释了"桃子"的品质与精神。"静静挂在枝头的桃子"还意味着学校诚心、静心、潜心志于办好教育的勇气与智慧，表达了师生间、学生与母校间的美好情谊与良好关系，教师享受着"桃李满天下"的满足感和成就感，学生享受着老师真挚的关爱与小心的呵护。

优良的校风一经形成，就会构成一种独特的教育心理环境，成为影响整个学校生活的重要因素，在各种场合，在各个不同的校内群体中，在各种课程与教学活动中，都可以觉察到它的存在，觉察到它的作用。校风"静静挂在枝头的桃子"一经提出，便引发了全体师生和社会的关注、讨论与广泛认同。它感染着一批批学子们，引领着全体师生员工，唤醒着每一位家长，这是一种守望教育。学校在良好校风的熏染下，形成了自己独特的群体规范、共同的情感气氛和行为方式，产生出一种强大的向心力和内聚力。

虽然它显得那么安静、那么低调，但是这正是尊重教育规律、遵循学生成长规律的具体表现。给孩子时间，静静地等着孩子成长、成熟。它更蕴含着一种强大的生命力，在这种环境中养成的行为习惯使人终生难忘，将成为这个学校里每一个成员自觉奋进的动力，从而推动整个学校的繁荣和发展。

"非淡泊无以明志，非宁静无以致远"，为了"祖国、真理、责任"，育英人在潜移默化中不知不觉创造出丰硕果实——那静静挂在枝头的桃子，成为大气而不张扬，对他人、对社会、对国家有用的人。这一优良的校风，它闪烁着个性、尊重、平等、自由、智慧、勤奋、勇气、担当……它必会被一代代的育英人守护着，传承下去。

参考文献：

沈曙虹. 办学理念策划十讲 [M]. 上海：华东师范大学出版社，2019.

学校理念文化如何在校园里真实呈现

四年前，除去面对学校大门的办公楼顶上，装挂着八个红色的大字——明理、诚信、博学、创新（学校的校训），其他地方看不到关于学校系统的理念文化的象征性符号的呈现。

走进过不少学校，经常发现如下现象：关于学校的理念文化呈现比较全面，像校训、校风、教风、学风、校徽等会展示在某个重要的位置，如教学楼大厅的墙壁上，甚至是主楼的外墙壁上、各个楼的楼顶上，也有的是放在一些展板栏里。但是，你会发现一些不合适的问题，比如部分学校办学理念不成系统，涵义表达与办学理念不相匹配，只是一种口号式的累积和随心所欲的设计。（1）某校提出"环境育人，科研兴校，以人为本，规范管理，依法治校与以德治校相结合，办人民满意的教育"的办学理念，这样的办学理念应该是办学的基本要求，还上升不到理念的层面，并且带有普适性，没有个性思考。另外，这样的办学理念体现不出学校核心价值观，表述不完整、不具体，相对散乱，教师和学生很难内化为统一的具体的思维与行为。（2）某校的办学目标是"办成各界满意的学校"，就根本没有任何教育理念与内涵存在，偏离了学校育人功能的本质。（3）某校的育人目标是"培养良好人文素养的现代人"。现代人的完备素养应该是"人文素养"和"科学素养"的统一，目标偏颇，没有聚焦中国学生发展核心素养与培养德智体美劳全面发展的人这一目标。

有些学校理念虽然挂在墙上，写在文件里，放在档案里，但没有落地。比如"一训三风"等大字挂在墙上，但校长、老师们、学生们却视而不见。如某校房顶上写着"为学生全面发展负责"，可是学校对教师的要求是仅仅把学生的考试分数放在第一位。还有不少学校在追求教育改革的过程中，忽视自身学校文化的实质和特性，竞相模仿一些品牌学校或企业文化建设的理念，等等。

问题分析

这些理念并不符合学校自身文化建设的特点和要求，导致学校文化建设难以达到预期的目的，不能化为学校永久的精神品质。因此，加强学校文化建设对于师生生命价值取向的引领研究，对其实际操作模式进行规范管理，显得越来越重要。学校要注重创新管理组织机构以适应教育变革和学校文化建设的需要；加强自我诊断的意识和能力，注重对创新文化的凝结提炼和管理；真正把学校文化回归到教育本意上，定位到课程与教学上，突出"人的发展"这一根本宗旨；让学校的文化建设实践，真正触及到师生的思维和行为方式，以此改变学校生活，带来学校价值观层面的变革与创新。

下面从如何构建、评估学校文化的视角，以象征这一文化呈现要素，来谈谈我们的思考与做法。象征是一系列具备某种特殊含义，且只有隶属于某种文化的成员能够识别出来的语言、手势、图画或物体。象征可以解答"我们大家最看重的东西是什么"这一命题，在学校里，象征可以是某种吉祥物、校歌、校徽、纪念品等。这些代表学校文化最看重的东西。当然，象征对旁观者更加可见，但是它们的文化内涵却是无形的，只有被内部人士解读并实践时，才会显现出来。

解决方案

我校校训是1952年六一儿童节期间毛主席为北京市育英学校题的词"好好学习　好好学习"，校风是"静静挂在枝头的桃子"，办学理念是"成就每一个人"。我们是从以下几个方面来体现与实践的。

　　一进学校大门，在主路右侧的灰白色相间的马头墙上，依次呈现学校的校训、校风、办学理念。继续往里走，办公楼前面左侧有一巨石，上面篆刻着"好好学习　好好学习"的校训，旁边树立着五块可更换内容的展示牌，里面是道德与法治老师把其教学与校训解读结合起来的成果，即学生对校训的解读。左拐，在两栋楼之间的石板地面上，篆刻着学校的办学理念与校徽。顺着这标志往里走，左边有一个花园，里面种着桃树与李子树，回应学校的校风"静静挂在枝头的桃子"。走进教学楼，大厅里正面是红底金色的八字校训，两面墙上展示着校训的由来以及毛主席等领导人给育英学校的题词。沿着教学楼走廊走进另一个大厅，展示的是办学理念、校风、校歌与培养目标，并有其解读和师生的活动风采照片。如果你继续走动，会在暖气罩上、学生自主设计的展板里、学生的书法绘画剪纸等作品里、活动展示海报里，甚至是校园内外的垃圾桶上、储藏体育器材的箱子上，看到校训、校风、校徽这些象征性文化符号的呈现。

　　我校将培养"行为规范、热爱学习、阳光大气、关心社稷、勇于担当"的国家栋梁作为育人目标，不仅仅在大厅里、校园里、电子屏幕上等进行静态或动态的展示，还会设置与理念一致的课程，有目标、有实施、有评价，围绕培养目标实现育人的全过程。

　　（1）行为规范。先哲朱熹说"论先后，知为先，论轻重，行为重。"英国作家萨克雷说："播种行为，可以收获习惯；播种习惯，可以收获性格；播种性格，可以收获命运。"行为规范是初中生良好思想品德、良好习惯的集中体现。初中生阶段是身心发展的关键时期，对自我的认知以及对世界的看法发生着巨大的变化。我校将学生的行为习惯放在育人目标的第一位，是希望学生能够树立正确的理想信念，让学生养成良好的行为习惯，促进学生身心的健康发展。

　　（2）热爱学习。《论语·雍也第六》："知之者不如好之者，好之者不如乐之者。"知之、好之、乐之是孔子讲的学习的三个层次，乐之说明爱好和兴趣在学习中起到关键的作用，只有热爱学习，才能学以致用，才会感受到学习的快乐。热爱学习，即培养学生形成自主学习的意识，做到乐于学习、善于学习。我校热爱学习的育人目标不仅培养学生的学习兴趣，还帮助学生找到适合自己的学习方法，做到勤于反思，善于思考。

（3）阳光大气。阳光大气是对我校学子形象化的描述，我们培养的具有育英学校气质的学生应该正直乐观、对世界充满着好奇心，在与他人交往的过程中，能够体会他人情绪与想法，具有同理心。陶行知先生曾说："学校放在阳光中，必能生长，必能继续生长。"因此，我校旨在培养学生的阳光心态、阳光行为，使其成为格局大气、心怀大爱的少年。

（4）关心社稷。《孟子·尽心上》："穷则独善其身，达则兼济天下。"关心社稷是中国学生发展核心素养中"社会责任"的体现，我校注重培养学生的家国情怀，以及关心社稷、改良社会的意识、能力。"江山社稷石"是育英学校的标志性文化符号，寓意"师生关心社稷，勇于担当，始终坚持国家的利益高于一切"。我校注重创造引导学生关心国内外大事的氛围，培养学生去主动观察社会、关心社稷，学会辩证、理性地思考，拓宽视野，具备国际理解的意识。

（5）勇于担当。勇于担当是学生在处理人与自我、人与社会、人与自然的关系中所形成的情感、态度、价值观以及行为方式。内涵是：增强社会责任感，提升创新精神和实践能力，促进个人价值实现，推动社会发展进步，培养学生成为有理想信念、敢于担当的人。歌德曾说："责任就是对自己要求去做的事情有一种爱。"勇于担当是一种责任意识，也是一种价值体现。

我校培养人的目标明确、体系科学，从个人品行规范到公民社会责任，阐释了我校对立德树人根本任务的校本解读。我们认为，实现培养目标的重要保障，是树立学校"全学习"的育人理念。"全学习"育人理念是让学生全面而完整地学习，让学生在复杂而真实的情境中，将传承与创造、个体与环境、自主与反思、现代与终身等有机结合起来，以实现人的完美建构，实现人的终身学习与发展。"全学习"是指向学生综合素养的学习，让学生在全息的世界、真实的世界情境中，养成批判性思维，以及问题解决、信息收集、创新创造、合作沟通等能力，符合培养目标的要求，带领学校育人工作走向系统化、科学化、特色化。这与学校的整体研究与实践是一脉相承的。

学校的校歌，不仅仅挂在墙上，旁边还挂着耳机，可以聆听。每周一升国旗期间，全体学生齐唱校歌，每天早晨学生迎着校歌走进校园，下午放学听着校歌走出校园。

这些象征性的文化符号，不仅仅会在不同场域环境中呈现出来，还会在一些常规活动、每天所做的事情中表现出来，更重要的是，师生已把这些符号、表达转化成每天工作学习的模式，进入自动化状态。尤其在一些庆祝活动，如开学典礼、毕业典礼、班级晚会、课程成果汇报会中，都在自觉地运用。

即使是在节日里给老师的祝福语中，也不忘学校文化理念的渗透，这是进一步提醒老师们，我们要以学校的办学理念、核心价值观来校本化落实立德树人的根本任务。

参考文献：

托德·威特克尔，史蒂夫·格鲁奈特. 如何定义、评估和改变学校文化［M］. 刘白玉，韩小宁，矫永芹，译. 北京：中国青年出版社，2019.

王曰美. 中国儒学与韩国社会［M］. 北京：学习出版社，2019.

"全阅读"学习校园如何设计

⌄⌄ **问题发现**

当走进有些学校，发现其环境很整洁优美，但是更多看到的是一些让广告公司设计的理念性标语与图案、学校的各种制度、活动的展示。也有的学校重视学生作品的发布与展示。教师的办公室里，除了老师们的课本、教案、教学参考书之外，很少有关于教育的论著。学生的教室里，除了有块黑板、讲台、课桌椅、储物柜之外，就是学生课桌上的课本与作业本、笔记本。起初，我校校园文化设计理念和形式与上述学校基本类似，不少地方，如大厅、走廊等地方显得空荡荡的，总感觉缺少点书香的气息。当走进学校图书馆，发现里面藏书很多，管理员管理得也非常到位，但是一段时间后，我发现来借书的师生却非常少，这些书就这样很可惜地被放在那里。学校老师也很少组织学生来这里选书组织阅读活动，据说嫌麻烦，也找不到时间。

⌄⌄ **问题分析**

空间的设计缺少书香的气息，除了教育理念上的原因之外，还有行动落实上的原因，有鼓励学生积极阅读的想法也懒得想办法去做，或是缺乏资金没有能力去做。图书馆里的书籍被闲置，与学校不重视阅读有关系，在其课程顶层设计中没有把阅读课程纳入重点工作来推动，因此就会出现老师也不重视；即使有的老师重视，也会出现因图书馆管理问题影响积极性，或是抽不出时间到图书馆去借阅。当然，还有过于重视学科类的学习，担心学生课外阅读会影响所谓的学习成绩的原因，以及过于繁重的课下作业负担，导致阅读课外书籍成了一种很奢侈的事情。心里都明白阅读的重要性，但行动却跟不上。

解决方案

我校非常重视阅读课程，把阅读课程与阅读课纳入学校的重点工作。不仅仅重视学科类的拓展阅读，更重视各类领域书籍的阅读；不仅仅是语文教师在推动，其他学科教师都要参与阅读教学的实践探索，组织各种阅读展示活动，激发学生阅读的兴趣，教授阅读的方法。鼓励教师、家长也要喜欢阅读，以身示范，做学生阅读的引路人。比如我校基于从"全学科阅读"到"全学科育人"理念的"全阅读"课程行动方案，很好地解决了上述问题，现摘录方案中部分内容与大家分享。

建设目标：

以语文阅读为原点，带动全学科阅读。通过全学科阅读，帮助学生深化学科学习，让学生对学科有深层、全面的认识，以学科阅读支持学科教学。以学科阅读为内容，遵循学生认知发展规律，进行学科阅读教学实践，将阅读内容与学科知识融会贯通，完成自主阅读，实现阅读应用。提高学生学习力——个性化学习、自主性学习、研究性学习、实践性学习，探索不同学科阅读教学指导的一般策略和学生阅读方法的基本框架或模式。

配书原则：

学科性：注重与学科的关联性，囊括各学科的核心内容，包括学科知识与技能，以及蕴涵的学科思维与文化背景。趣味性：在关注图书思想性的同时，选取了大量的趣味文本内容，使学生体会学习的奥妙与乐趣。适切性：符合学生各年段语言能力与认知水平，由浅入深、由易到难螺旋式上升。全面性：拓展学科阅读面，把阅读引向初中现有的所有学科，实现"全学科"阅读。

实施措施：

学校在三层连廊集中摆放全学科书籍，各班书橱有经典书籍，教师通过教研活动，精心设计阅读课程内容，指导阅读方法和策略，激发学生的阅读兴趣。同时，关注阅读教学过程中的传统文化、社会主义核心价值观和爱国主义教育，积淀学生的文化底蕴，培养学生的爱国情怀，从而通过"全学科阅读"实现"全学科育人"。具体措施如下：

1.专题阅读与方法渗透相结合。

一是根据学科实际，建议在课时计划内开设专题阅读课；二是阅读进入各学科课堂，丰富课堂知识结构和文化内涵，教师在课堂教学过程中注重对学生学科阅读方法和策略的指导，落实学科核心素养的培养。

2.课上阅读与午间阅读相结合。

除了保证课上的阅读训练，学生还可集中利用下午上课前的午间阅读时间，自由安排阅读内容。

3.自由阅读与阅读联盟相结合。

独行快，众行远。学生可以根据自身兴趣爱好选择阅读内容，学校还鼓励同学们根据相同或相近的阅读兴趣和方向，打破班级界限，成立阅读"自组织"，组成阅读联盟。

4.学校阅读与家庭阅读相结合。

除了学校的阅读课程，还应制订家庭阅读计划，将学校阅读与家庭阅读相结合，鼓励家长与孩子共读一本书或进行专题共读。

5.任务与活动相结合。

（1）各科教师精心设计每天课上的阅读内容，也要布置午间阅读时间的阅读任务，可以是圈画批注、摘抄，也可以是撰写读书体会等。各班利用班会时间两周开展一次"班级读书会"，组织学生展示汇报自己近期的阅读收获。

（2）各学科组根据每学期定的读书主题，可结合学科实践活动，开展年级或校级层面的美文诵读比赛、读书征文比赛、读书手抄报展览、辩论会、图书跳蚤市场等各类读书活动。

（3）打破班级界限的阅读联盟，可以以"读书论坛""学生大讲堂""读书沙龙"等形式进行交流分享。

（4）家庭阅读可通过组织评选"书香家庭"，开展"亲子阅读会"或以家庭为单位的"亲子阅读竞赛"等活动来推动。与教育服务中心推动的"学习型家庭"建设相结合。

还有配套的评价机制，如日常测评与期末测评相结合、自评与他评相结合、量化评价与质化评价相结合。

除以上课程活动设计之外，学校还有更加宽泛的阅读空间课程设计理念。学校阅读学习不仅仅是在室内课堂上或图书馆中，还可以在校园的任意角落，在开放空间和半开放空间内复合穿插阅读区域。

我校就创新打造了"一所学生不愿意回家的学校"的"全阅读"学习空间，以"读书、读人、读景"为线索，创设厅中读、廊中读、梯边读、窗前读、园中读、亭下读、溪边读……营造学校"全阅读"的学习氛围，吸引学生注意力，激发学生的阅读的热情。

1. 半开放式空间。

厅中读。学校门厅不单单展示校园文化理念，也可以是学生课下能够停留的阅读空间。两者功能重叠，学生们不仅清楚认知学校发展历程，也能够静下心来细细品味书籍带来的快乐。

廊中读。走廊不只是连接、行走的区域，更是阅读、交谈、玩、交朋友的地方。在设计图书阅读空间时，既要考虑走廊的通行功能及采光条件，又要展示学生特长风采，引导学生正确地阅读。靠墙走道，将班级作品风采展示和阅读书刊相结合，从而培养学生阅读的习惯。连廊也是个不错的地方，常常有孩子驻足。

梯边读。楼梯间通常比较狭小，采光也较差。运用楼梯间设计图书角时，如果自然光照不足，首先要考虑补光照明设计，以保护学生视力；其次，书架设计要尽可能灵动，使狭小的楼梯间空间得到有效利用。

窗前读。在营造意境氛围时，运用窗棂的元素，将轻松闲暇时光与阅读相结合，借用建筑美丽的眼睛，为阅读、写作和想象空间提供了诗意比喻。

2. 开放式阅读空间。

园中读。走出教学楼，在室外开敞校园里设置了阅读书架，给孩子提供多样化学科主题阅读学习空间。用创新灵动的方式来劝学，丰富学生学习思维，增强创造能力。让全校师生在室外园中能"赏心乐阅随处书"。

亭下读。亭廊是最具中国古典特色的建筑，是园林造景中不可缺少的一部分，亭廊的灵巧、自由、精致和写意特性，营造出幽深雅致的意境。亭廊是学生老师阅读、休闲的好去处。

溪边读。中国古代，溪水环绕的地方是产生文化、产生思想、赋予灵性的地方，也是孕育教育的地方。在校园引入一股清流，配合营造"淙流绝壁散，虚烟翠涧深"的意境，激发学生阅读的热情，从而做到读书，读人，读景。

除了上述阅读形式，还有很多空间值得我们去挖掘，只要用心发现就能找到适合学生的阅读学习方式。

校园时空该怎样展现出学生生命成长的气息

∨∨ 问题发现

初到学校时，走进教学楼，看到走廊两边墙上张贴着一些名人图像和名人箴言，给人满满拥挤的感觉。也许学校的初衷是想让这些名人名言来熏染影响学生的思想、心灵、行为与梦想。暂且不论其是否能够真正起到一些作用，给我的感觉就是这些东西好像都出自广告公司之手。再看看这些展示品，都是清一色的板材做成，色彩要么是大红色、要么是大黄色、要么是大蓝色，肯定是粘贴复制的，因为在很多学校似乎都见过，雷同性很高，色调没有考虑审美的价值，没有考虑整体的效果。

∨∨ 问题分析

这样的校园文化，只是浅层次的设计与建设，看似很丰富，却看不出学校的主流价值观是什么，学校的办学理念是什么，学校的校本表达是什么，基本上源自广告公司某人的主观设计。学校的思考在哪里？学校的育人目标在哪里？学生的生活、生命、故事在哪里？这说明学校没有一个清晰明确的核心办学理念，以及在此理念下的整个学校文化系统的构建。

说句实话，这不是为了学生，基于学习而设计的，而仅仅为了完成校园文化这一规定任务而已，或是为了应对上级各类检查，为了给学校之外的人看而不得不做的。到全国不少学校，发现校园文化布置理念与风格基本与此相仿，并且更新不及时，甚至多年不更新。也许有经费紧张的原因，但主要原因是观念的固化与理念不能与时俱进更迭换代。

也可以看出，学校缺乏文化建设的素养，不懂得从办学理念、课程出发来设计校园空间环境与文化，让各种资源与校园融为一体，让所有的时空都释放出教育价值，让所有的时空都成为课程场景，让孩子的学习作品的展示、发布、分享成为校园里最美丽的景观，让时空展现出生命成长的气息和活性，以激发学生的好奇心，促进学生创造力的培养。

解决方案

我校的做法，首先是对学校未来发展做了前瞻性规划，确定学校办学目标是"创名校，育英才"。遵循总校校训"好好学习　好好学习"、校风"静静挂在枝头的桃子"和培养目标"行为规范、热爱学习、阳光大气、关心社稷、勇于担当"的基础上，根据学校实际提出了自己的理念表达——成就每一个人，逐渐生成"全学习"理念下的"人人皆学、处处能学、时时可学"的学风和"文明、健康、创造、分享"的教风。

学校发展愿景是："续写学校优秀文化，构建'全学习'理念下的以'学习者'为中心的、支持多样化学习的课程模式，变革学习方式，改善课堂教学生态，重塑教师职业生命。形成'全学习'的学校文化新生态。"

以"全学习"校园生态文化建设理念为指导，将中华优秀传统文化、社会主义核心价值观、中国学生发展核心素养等元素化为教育情境，每个空间都拥有自己的品质与故事，学生和老师们在校园里拥有更好的生活、学习方式，使知识体系情境化，环境文化课程化，学习资源可见化，让学习能够在校园里自然生长。

于是，第二个动作就是把原先的硬质展板拆除，根据以上规划、愿景、理念与元素进行统一设计，换成了软质材料的扎钉板，扎钉板是空白的，这样做的目的是把空间都要留给师生，尤其是留给每一名学生来自由地设计，充分挥洒学生的思考与智慧，展示学生的作品和才华。

这样，就把学校践行的课程理念和学习方式转变为看得见的空间课程，实现空间重组带动资源的链接。学生可以在开放空间通过不同的方式获取更多的学习资源，使学习无处不在。

同时，学校还要求设计公司一定要遵循学校的统一理念与文化风格，不能随心所欲按照自己的思考来设计。学校的文化整体风格要体现出中华优秀传统文化的元素，比如色彩应该多用中国色，风格要遵循传统格调。就是展板里面的图案也要尽量体现传统元素。

学校还十分注意，所有照片、展示板、海报等的背景要多以学校文化景观或学校师生的生活为底色。这样，学校文化元素与教育元素，以及课程、学习、日常生活、环境等融为一体。

过去习惯思维下的校园文化建设思路被打破了，新的理念下的校园文化展现了出来。校园在物质环境上通过"观、闻、触、听"形成学校文化观念、历史与传承，唤起学校的"学习性质"和"文化的力量"。学校的文化的物化形象不再是口号式的广告宣传，而是多年后学生们寻母校时，心里长成的根。

下面是一位参观我校的外校老师写的观后感，虽然不够全面与详尽，却也可以表达出我校校园文化的创建理念与育人思考。

往北走进了教学楼。教学楼的楼道两旁，也陈列着书籍，是我想要的样子，学生们看到书就会想看，肯定无心打闹了。墙上是各班有关学习和活动的作品，温馨的布置让李校长脸上时刻都露着骄傲的笑容，他还时不时地夸赞道："这个班布置得很有特色，我得给拍下来！"推开教室的门，墙上孩子们阳光灿烂的笑脸扑面而来，教室的桌椅整齐，地面干干净净的，后面的板报设计得很有时代感，下面还醒目地挂着横幅！虽然学生们不在，但我仍能隐约地看得到孩子们阳光、可爱、朝气蓬勃的灿烂面孔！

一间间教室推开，各有特色，李校长都能够如数家珍一样介绍给我，班主任的特色，孩子们的优点，都在他的心里。令人佩服！上楼的时候，抬头看到上面铺挂的风筝，李校长说："我们这里每年都搞风筝节。风筝，寄托希望，放飞梦想！让学生不仅脚踏实地，还会仰望蓝天！"楼道两旁的布置，可以时时更新，每一位老师的展示照片，笑容灿烂得和阳光一样。

突然发现："成就每一个人"几个大字又一次出现在眼前，这是一种强烈的提示，提示着老师的责任是要成就每一个学生，提示着学校的领导不仅要成就每一个学生，还要成就每一位老师，所以，这"每一个人"，我想包括了所有在这里学习工作的人！彼此互助，互相成就！

　　校园里的空间文化布置，不应再是成人思考的结果，而应该大胆地交给学生；不应该一成不变，而应该不断更新；不应该只有教师教的形象，而应该为了学生的学习而设计。学校是为了学生才存在的，学校的任何空间都应该是属于学生的。这样的学校才是学生真正想要的喜欢的样子，他们是这个地方的主人，这里应该由他们来描绘、涂抹。

如何巧借山水气象让校园更富灵性

问题发现

学校办公楼知坤楼西南方，有一大片树林，按理说，在校园里有一片树林，应该是值得庆幸的事情。但是，平时据我观察，这里面很少有人走进来，偶尔发现几个学生在清理树上掉落的树叶。里面有近百棵树木，但都是清一色的白蜡树，树下面都是杂草。在知坤楼右前方以及后面有两块空地，但是里面也都是杂草，三面由黄杨围着，杂草里稀疏地长着几颗碧桃树、连翘。每隔一个月，后勤服务中心便安排人用割草机割一遍杂草。校园主路两边，以及校园四周的院墙里边也都是清一色的白蜡树。其他地方多是坚硬的水泥路面了。除去给人单调荒凉的感觉，根本感觉不到优美环境的惬意，更触摸不到环境文化育人的效应。

问题分析

之所以有这种现象，我认为可能是在学校建校时，没有对学校整体文化环境进行顶层设计，没有先进的校园文化建设理念的指引。再就是源于学校经费的限制，没有能力对学校环境文化进行优化提升。其实也有思维固化的因素在起着作用。学校和老师们把大多精力用在了如何提高教学成绩上了，因为其结果表现得既快又明显，而环境文化只是外在的表象，觉得对教学成绩影响不大。这种观点是不妥的，环境文化对师生精神生命成长、对教育教学质量提升潜移默化的作用，是不可忽视的。

尤其是不理解地表文化对校园文化建设的重要意义与价值。教育是基于物质、超越物质的人的精神与灵魂的再造。宋代理学家程颢说"天下无一物无礼乐"，万物都承载着文化要素，以物入心，格物致知。

地表文化是校园文化建设需要重视的元素，要呈现富于教育意义的物质文化资源，追求天人合一的传统哲学文化。校园地表要呈现大自然的气象，追求原生态；校园文化要追求自然，力去雕饰，让学生自然成长。倡导依四时而生长的学习情境，让学生置身自然中认识和探究自然的教育哲学。

解决方案

"仁者乐山、智者乐水。"（语出《论语·雍也》）历代哲人多是长期游历山水之间，借助山川大地悟得宇宙自然的本质，启发灵性。山水与人事相联，山水的物理效应对于精神和情感有非同一般的功效。校园无山水，学生如何胸中有山水？为此，我校在设计校园文化时，把微山微水的建设纳入顶层设计。

中国最初的学校建筑，以名堂、辟雍构造为重，其中最核心的构成元素就是水。"水者，何也？万物之本原，诸生之宗室也。"老子认为，水有"居善地，心善渊，与善仁，言善信，正善治，事善能，动善时"等七种美德。孔子认为，水有"德、仁、义、智、勇、察、贞、善、正、度、意"等十一种美德。

山从某个角度可以分为孤山、群山、远山、近山。孤山呢，当然是代表孤寂，也可表示卓尔不群、远离世俗、与世无争的态度或者一种倔强的心境。群山，便有了一种纷繁杂乱的意象。而远山与高原之山一样，都有一种豁达的胸怀。近山，便有一种居高临下之感。山不言不动，但一直在我们身边。它从大地上拔地而起，突入苍穹，那高耸入云、巍峨峻拔的气质是多么豪迈。山的灵魂，在于它的博大与坚韧，在于它的丰富与深沉。山高，挺拔天地，粲然四季，垂范千古，启迪万物。

在学校知坤楼一楼大厅门内对面，设计了山水图景标志，灯光一映，会出现山水的倒影。把真实画面还原到学校大门处，大厅内的山水图景也正对着学校大门。当你一走进大门，会发现一条长长的宽阔的直通校园内部的大道，我们称之为"问道路"。大门内道路右侧，有一块颇似中国地图的石头，矗立在玉兰树、樱花树林里，石头四周还种上了向日葵，大门背面正对应着这块石头的地方，撰写着毕业生王其然同学的书法作品"祖国 真理 责任"。左侧为方便学生运动后洗手用的水池。

顺着大道往里走，会路过三组徽派建筑风格的灰白色相间的马头墙、停车场、篮球场。篮球场后面是一个花园，名字叫"听梦苑"，里面最令人赏心悦目的就是一处水的景观，水帘上的水沿着银白色的钢丝水线连绵不断地由上流下，旁边有一长方形水池，里面有喷泉，如欢快的小孩跳跃着喷出，中间有一圆形石磨，里面喷出的水不知疲倦地流淌进水池里。最自由的是水池里面的尾尾小鱼，在漂荡的植物水葫芦间畅游。"听梦苑"里增添了不少树种，如银杏、玉兰、紫叶李、红枫、美人梅等，还有各种花卉，如牡丹、连翘、月季、鸢尾等。

花园西边，即道路左边，有一月季园，里面卧着一块巨石，远观如正在行礼的老人。石的正面，镌刻着学校的校训：好好学习 好好学习。

知坤楼后侧，设计景观"曲水流觞"。"曲水流觞"的典故出自：永和九年（353年）三月初三上巳日，晋代贵族、会稽内史王羲之偕亲朋谢安、孙绰等军政高官，在兰亭修禊后，举行饮酒赋诗的"曲水流觞"活动，引为千古佳话。这一儒风雅俗，一直留传至今。

当时，王羲之等在举行修禊祭祀仪式后，在兰亭清溪两旁席地而坐，将盛了酒的觞放在溪中，由上游浮水徐徐而下，经过弯弯曲曲的溪流，觞在谁的面前打转或停下，谁就得即兴赋诗并饮酒。据史载，在这次游戏中，有十一人各成诗两篇，十五人各成诗一篇，十六人作不出诗，各罚酒三觥。王羲之将大家的诗集起来，用蚕茧纸、鼠须笔挥毫作序，乘兴而书，写下了举世闻名的《兰亭集序》，被后人誉为"天下第一行书"，王羲之也因之被人尊为"书圣"。而《兰亭集序》也被称为"禊帖"。

因著名的司马台长城就在密云，因此里面还设计了长城元素。这里可以展示学生的书法、绘画、制作等各种作品，学生可以在这里游玩、读书、对弈、表演、上课等。里面也培植了多种植物，如竹子、雪松、梅花、海棠、美人蕉、茶花、樱花、玉兰等。

校园外东侧，有一条大河，叫白河，其水源自著名的密云水库。校园后侧与西侧，是著名的燕山山脉。校园里里外外置身于山水之间，心灵得以放空，悟得宇宙自然的本质。

万物有灵，取物造景，感悟喻志。自然景象负载人格精神，形成基于人的心智活动的人文气象。这是一个山水校园，让校园更富有灵性之美。

参考文献：

马斌. 物型课程：化万物以育人［J］. 人民教育，2019（9）.

缘何要让更多的植物在校园里生长

问题发现

我刚到新学校时，发现校园里有很多树木。一条长长的主路，大约有五百米长，两边是成排的白蜡树；在校园东侧有一片树林，里面种植的是密密匝匝的白蜡树；校园四周的院墙旁边，也是成排的白蜡树。这在上文已经提及过。据我估算，校园里这样的白蜡树足足有五百棵以上。按理说，这是多么好的一个校园啊，树木这么多，环境很好，夏天有很多阴凉处。的确，我也认为很好。但是也有一种缺憾，就是树木的种类太单一，只有一种白蜡树。树下面都是杂草。有的老师说，学校是新学校，种白蜡树长得快；有的老师说，某位领导喜欢白蜡树，因此必须都种白蜡树。我说，可能当时对树木花草的教育作用缺乏真正的思考，没有对此考虑太多吧。

问题分析

我认为，建立一个拥有良好绿地植物景观和校园特色人文景观的校园环境，可以利用植物的隐育和熏陶功能来提升中学生道德素质；利用校园植物资源开展学科实践性教学，对于激发学生自主学习的积极性、促进教育发展具有重要的意义。

树木是最具人文意向的植物。植被配置应丰富而有意境，使教育能漫溯到学生灵魂深处。在寓意上，要栽种深具人格意象的树木，如梅松竹等，以期形成与课堂教学内容对接的实境。在意境上，要有大树、老树、高树、奇树、枯树等，且形成高低错落的层次。在色气上，要强调树色搭配，以激荡意气。在造型上，以带状突出林荫大道的"线感"，如银杏大道；以面状寻求树木簇拥的"块境"，如桃花源。学生徜徉其中，可感受时光流转，寒梅流香吐蕊，桃李灼灼芳华。

花草与季节、与文本对接，让文本与生活中的花草等物象尽可能在校园可见。沿路花草百圃按季节时令设置，学生看到路边依四时而开的各种花草，自然会引起注意，触发内心的感动，引发主动认识花草、探究自然的好奇。同时，与树木设置理念相似，也要有块状的花草圃。要避免草坪被围挡"不得入内"的现象，草坪等诸多植物都需要遵循让学生亲近自然的原则。

学校植被设计要追求专题化、专业化，一花一草、一树一木都是知识源，通过花木学科标识名或二维码，为学生精准知识的学习提供方便。

解决方案

依据以上理念分析，我校植被设计原则是这样的：以绿为主，常绿树与阔叶树、速生树与慢生树、乔木与灌木相结合，不同花期的草花与木本花卉相结合，使绿地一年四季都有良好的景观效果。植物栽植要避免过于杂乱，有重点、有特色，在统一中求变化，在丰富中求统一，使学习区与活动区有一定分隔。开放式植物空间，使学生在运动之后不会感到闷热，还可以在此休息学习。

植物的选择要注意适合当地条件，便于日后管理。选择了病虫害少，有地方特色的乡土树种，除去原有的白蜡外，还有早园竹、银杏、毛白杨、女贞等。配有紫叶李、桃花、樱花等观花乔木作点缀。草花选择了宿根生及自播繁殖能力强的美人蕉、鸢尾等，价格上也低。立体绿化面选择了凌霄花、紫藤等，使它们在形状、色彩、质感、季相变化、生长速度、生长习性上相匹配。

我校在树木与花草的配置选择上，除去遵循以上原则，还遵循了总校植被的设置理念与种类结合。比如雪松，在皑皑白雪中，不变其苍翠，是校园里最耀眼的绿色，为苍凉的冬天带来了色彩。比如竹，有着不一般的中国传统文化含义：竹子四季常青象征着顽强的生命；竹子空心代表虚怀若谷的品格；其枝弯而不折，代表柔中有刚的做人原则；生而有节、竹节必露则是高风亮节的象征。竹的挺拔洒脱、正直清高、清秀俊逸也是中国文人的人格追求。比如银杏，象征着坚韧与沉着、纯洁之情。银杏叶形奇特而古雅，是优美的庭园观赏树，对烟尘和二氧化硫有特殊的抵抗能力，为优良的抗污染树种。银杏具有良好的观赏价值，银杏夏天一片葱绿，秋天金黄可掬，给人以俊俏雄奇、华贵典雅之感。因此，古今中外均把银杏作为庭院、行道、园林绿化的重要树种。比如桃树，原产于我国，花朵艳丽，果味甜美，营养丰富，历来为文人墨客所赞赏，与之有关的诗词歌赋、民间习俗浩如烟海。"投我以桃，报之以李"，校园种植桃林，表达师生间的美好情谊。比如樱花，花期一般只有3～7天，它选择了在自己最辉煌的时候凋谢，因此它是热烈、纯洁、高尚、希望的象征。

我校的植物既有带状的线感，又有面状的块境。有白蜡大道、银杏大道，有银杏林、桃李园，还有红果、紫荆、丁香、樱花、玉兰、海棠、紫叶李、李树、榆叶梅、红枫等各种大小不一的树木景观区域。花草也是异常丰富，有月季、美人蕉、菊花、牡丹、芍药、鸢尾、凌霄、连翘等。除去精心设计的可以开放入内的草坪，还有荒草野花景观，荒草与各种形态色彩的野花之美令人怦然心动，原生态与人为的景观互相照应，让人浮想联翩，流连忘返。

我很认同马斌老师《物型课程：化万物以育人》一文中对校园植被配置介绍的理念。学校的绿色生态环境建设应该按照绿化、美化、寓化、教化的梯度升级，使植被配置的教育价值、课程意识、学科生活、学习场景都得到充分重视和应有开发。我校的植被配置正是遵循了这一理念，努力为校园里的所有人创设"一花一世界，一树一菩提"的境育之所。

参考文献：

马斌. 物型课程：化万物以育人［J］. 人民教育，2019（9）.

怎样提升广场、道路等的设计美感与内在韵律

四年前，走进我们学校，几条水泥硬化的道路，有些路段已经被风化，一扫会扫出很多沙粒；三栋风格基本一致的楼房，再加上几块树木或冬青围绕的绿化带，感觉平平。不像北京市育英学校，学校的楼房、道路都有自己的名字，密云分校这些楼房连功能都没有标注，可能是与新建学校有关吧。

总校的校园里，有几个广场、庭院、花园、农场、果园、动物园等，不仅设计给人以美感，且有自己的主题，还有教育的意蕴，其命名也都包涵深意，体现了学校的办学理念，渗透着学校的发展历史与传统文化的继承。而密云分校，虽然有几块开阔的绿化带，但里面除了稀稀拉拉的勉强活着的树木之外，剩下的就都是杂草了。

进入楼内，发现楼道两侧的墙面上，满满的广告公司给设计安装的名言警句，有些空间虽然也粘贴了学生作品，不知是因为管理的问题还是时间久了，给人陈旧残缺的印象。上下楼梯的每层台阶上，都贴满了名言警句与诗词。

环境可以左右人的心情，学校的花草树木，建筑物的造型，道路、广场、庭院等的色彩和整体气氛都会影响老师及学生的性格与身心健康。所以，校园的外观及内部设施均应追求美感，提供亲切、自然、舒适与愉悦

的身心享受。在校园规划设计上，应用美学上"韵律、平衡、对称、统一、和谐"的设计理论，正确地显现建筑物的性格，并运用适当的权衡关系，缩短师生距离，产生视觉、听觉及空间上的安适感，以发挥美感教育。规划美丽的校园，需要注意到校园的整体美化，而非局部美化，顾及学校环境与周围环境之调和；美化应注意融入特色，需以学生为主体，让学生喜爱；美化的推动应是持续的、长期的，也应是求精的、求新的，以重塑及建设最佳的教育情景。

对于校园里的建筑与设施，要给它们起一个名字，可以发动师生的智慧，依据学校办学理念、文化价值观、育人目标等，做统一的规划设计，其内涵要有一致性，在顶层设计的基础上依次呈现，其解读则要有理论的依据、有教育的价值、有学习的资源。同时，要与学校课程改革以及教学方式创新相匹配，方便师生在日常实际的学习生活中运用。

比如，学校广场应该是学校里诗意的天地，个性的世界，心性的感应所。学校应该有自己的广场并要赋予内涵意义，让广场有审美感、亲近感和情趣感。广场除了可以用石料、水泥面外，还可选用增加地面柔和度的各种铺设材料。广场没必要都是平平的面，可以有"跃层"。改变地面的风貌，增加绘画的、雕刻的、组装的图案，可有成语、谜语，亦可有地图、书法以及学科知识等。广场周边也要重视展现某种文化或精神。

解决方案

我校注重广场文化的创设，教学楼、办公楼、体育馆前都是以广场的形式呈现，分别是知坤广场、知健广场、知礼广场。另外，还根据学校文化建设理念的需要，重点铺设了六艺庭院、听梦苑、十二生肖故事广场三处广场，其铺装风格迥异，有木质板、石板、石子、透水砖、瓦片等，广场周边有六艺、传统节日、十二生肖、古诗词等相关知识，广场地面有传统的雕刻组装图案，植物配备种类、色彩多样，高低错落有致。另外还在周边恰当位置安置了喷泉、水帘、亭子、文化墙等别致的景观。

我校的道路也有风景、故事。路应当是感性的，要有温度。要改变一条路、一色路、一种路的问题，学校里有水泥路、石子路、石板路、泥土路、木质路等多样化呈现，学生从学校不一样的路感受人生不一样的路的哲学思味。路形还有变化，既有笔直的大路，也有"曲径通幽"的弯弯小道，还有"拾级而上"的梯路。路的命名应各取所需，应时应景。如牡丹花丛旁边的路名为"牡丹径"、桃树李子树中的路名为"成蹊路"等。师生行走、徜徉在这样的路上，能感受大地之母的自然温度，校园生活的温馨和谐。

　　几条主要道路名称分别是"博学道""审问道""慎思道""明辨道""笃行道"，与三层公共空间"为学斋"呼应，旨在说明"为学"的道路有这几个递进的阶段。还与六座楼房的名称有一定的联系，楼房名分别是"知健楼""知坤楼""知书楼""知礼楼""知行楼""知化楼"。联系在一起即为"知道"。其中的内涵与道理想必大家能体会到。

　　我校的部分广场还注重与学校庭院设计相结合。学校庭院是教室的延伸，它是活的教育场所，也是优美的休憩空间，它有辅助教育的功能，也有调节身心和平衡生态的作用。学校庭院的布置，必须兼具科学的求真、道德的求善、艺术的求美三大目标，成为没有墙壁的教室、学生求知的摇篮，潜移默化启迪学子，引导着学生追求人生的真、善、美，以提高教学与学习的成效，产生教育的功能。

　　下面我介绍一下我校校园里几处广场与庭院中部分景观的来源依据与内蕴。

　　（1）且停亭。取自清代著名戏曲家、大文人李渔，在家乡浙江兰溪建的一座亭子。

　　传说当年李渔在家乡修建亭子时，得到了许多人的赞助，出钱最多的是当地财主李富贵。财主赞助了资金，就定要给亭子取名——富贵亭。

　　李渔觉得太恶俗，就阻拦说："且停停。"意思是说，你暂且停一下。财主说："我给亭子取了名，你不同意，那你说该叫什么？你不是也没取出更好的名字来吗？"

　　李渔笑着说："我已说出名字了——且停亭。"财主还想辩解，李渔说道："且自在这里停一停，歇歇脚，怎么不能叫且停亭呢？这个亭子就叫且停亭了。"

人在奔忙，不妨停一停。这种"停一停"能让我们充充电，让我们歇歇脚，让我们静静心，让我们回头看一看出发的起点在哪儿，让我们向前望一望最终目的又是什么。

（2）六艺庭院。中国周朝的贵族教育体系，开始于公元前1046年，周王官学要求学生掌握六种基本才能：礼、乐、射、御、书、数。"养国子以道，乃教之六艺：一曰五礼，二曰六乐，三曰五射，四曰五御，五曰六书，六曰九数。"（《周礼·保氏》）这就是人们常说的"通五经贯六艺"的"六艺"。传承总校经典，以"礼、乐、射、御、书、数"为设计元素。

（3）竹溪闲逸。开元二十五年，李白移家东鲁，与山东名士孔巢父、韩准、裴政、张叔明、陶沔在泰安府徂徕山下的竹溪隐居，世人皆称他们为"竹溪六逸"。他们在此纵酒酣歌，啸傲泉石，举杯邀月，诗思骀荡，后来李白在《送韩准裴政孔巢父还山》一诗中曾有"昨宵梦里还，云弄竹溪月"之句，便是对这段隐居生活的深情回忆。

竹为生长迅速的禾草类植物，茎为木质。文人墨客均以竹为比拟，踩竹筏行云山水间方是悠然自得的境遇。此处选择适宜于北方种植的竹造景，不仅可以观赏，也适用于生物课程、艺术课程、创造工坊课程等。

即使楼内的阶梯，也是遵循学校"全学习"的理念，本着疏密相间的原则，对展示内容有合理分区，使上下空间可看、可读、可听、可写，该留白时要留白。四处楼梯规划展示内容，以善学、志学、勤学、乐学命名。

"善学梯"语出"善学者，师逸而功倍，又从而庸之（《礼记·学记》）"。名称释义：善于学习。

"志学梯"语出"吾十有五而志于学"（《论语》）。名称释义：非学无以广才，非志无以成学。

"勤学梯"语出"古圣贤，尚勤学"（《三字经》）。名称释义：功崇惟志，业广惟勤。

"乐学梯"语出"如姜维之乐学不倦，清素节约，自一时之仪表也"

（《三国志》）。名称释义：乐学，是一积极主动的学习态度，孔子的名言"知之者不如好之者，好之者不如乐之者"就充分说明了乐学的重要性。只有从兴趣出发，让乐趣充溢学习之中，才能真正激发学生的学习热情，让学生爱上学习，乐于求知。

参考文献：

马斌. 物型课程：化万物以育人［J］. 人民教育，2019（9）.

王曰美. 中国儒学与韩国社会［M］. 北京：学习出版社，2019.

如何让办公室塑造人的知与行

2007 年 3 月，我刚做校长时，相关领导把我领进了校长室，也就是我今后的办公室。记得当时给我很大的震惊，一张半圆形的硕大的古铜色老板台式办公桌，占据了整个房间的四分之一空间。办公桌后面是一把黑色的后背很高的可以自由转动的老板椅。我试着坐了坐，很舒适，且有一种高高在上的权威感涌上我的心头。

2016 年 7 月，我第二次做校长，当走进办公室的时候，房间面积比第一次做校长时小了一半，室内有两张对在一起的白色电脑桌，后面是一张普通的座椅，旁边有一套白色的铁皮书架，室内再没有沙发、茶几之类的物品了。有老师对我说，办公室比较简单，里面所用物品与老师所用的都是一样的。我说，这太好了，就应该如此。

大凡走进校长办公室，会发现都有一张比较大的办公桌，或叫老板台。有一排沙发椅子，一个或两个茶几，用来招待来访者或与同事沟通。这种环境与布置，当然是为了方便工作与交流，无可厚非。但也有这样的校长办公室，办公桌、办公椅与同事的相同，多的只是要阅读的书籍而已。

这两种办公室，都还算是简单朴实的，但是也透露出不一样的理念。丘吉尔曾说："我们塑造了建筑，而后它们又塑造了我们。"办公室也同样如此——它们亦在潜移默化地塑造我们的思想与行为。在某种程度上，职位上的威望将会成为你身份认同的一部分。不知不觉间，你可能就会对这种差异习以为常——你觉得这是应得的，在某种程度上，你必须比别人值钱。人们可能并不喜欢这一点，但在必要的时候，你就是有权力发号施令。不同的办公室，里面的陈设与物品，会塑造影响一个人的思想与言行，会影响一所学校的方向与品味。

解决方案

在山东当校长时，我曾经把校长室牌子摘下来，换成了写有"思想会客厅"的牌子，结果出了一些笑话，弄得不少人老找不到校长室。但是却换来了平等的沟通，少了点权威，多了点民主，校长与同事之间可以经常轻松地讨论探讨一些教育教学改革创新的事情。

牌子的变化只是一种形式，我的初衷是想让老师的思想发生根本改变。后来，学校一老师向我描述了"校长室"更换为"思想会客厅"后的一系列变化："进出'思想会客厅'的老师多了，有时是一两个，有时是十几个；有的找校长谈工作，有的和校长交换看法，有的甚至只是和校长聊聊天。您不管工作多忙，一概热情接待，老师们私下都说，咱们的校长没有一点官架子。"

一晃几个月过去了，学校有了更大的变化。学校减轻了学生的课业负担，把更多的时间还给学生。每天的上午和下午，在30分钟的课间活动时间，学生可以开展自己喜欢的活动：打篮球、羽毛球、乒乓球，跳绳，踢毽子，诵读经典，大声歌唱……这些都是我和师生交谈后，了解到他们的心声才做出的改变。

我也成为教研活动的积极分子，每次的教研论坛都是召集老师们在"思想会客厅"里举行。学校的课堂改革也轰轰烈烈地开展起来，新型课堂教学实现了老师与学生的平等交流，使师生在沟通、理解、对话、交流中实现了平等互助基础上的和谐发展。如此，学校的教学质量就随着改革的深入，如芝麻开花节节高起来。

文化是学校的灵魂。学校的办学思想、教育理念一旦成为全校师生的共同信念，就会体现在每个师生的价值取向、期望、态度、行为之中，体现在学校的各项活动之中。"校长室"牌子的变化，其实就是在营造一种民主平等的精神文化。其目标是全力营造"尊重生命、民主平等、对话合作、和谐发展"的学校文化，最终使师生在学校文化引领下，在思想、行为、情感、习惯上受到感化和影响，使他们在学校生活中感受到丰富的生命意义，使学校成为教师与学生共同生活、共同成长的精神家园。

来到新学校，有不少人建议我：您的办公室太简陋了，换换桌椅吧，买两个沙发吧。我只是一笑了之。

让我们想象一下，假如一间独居一角的豪华办公室从未存在过，而作为校长，你坐在同事旁边的办公室里，这将会如何改变你的思维方式、社交圈以及领导风格呢？显然，它会帮助你保持谦逊，保持同大家的联结，并且管理自己的小我。

我的办公室在教学楼前的一栋楼里的二层最右边，比较私密，显然是为了更方便自己的工作，但是却无形地拉远了自己与同事和学生的联结。

心里总有这种纠结，于是在教学楼一层大厅，我放了一张圆桌与四把椅子，有时我在这里坐一会儿，读读书，与来往的教师、学生打个招呼。三楼的"为学斋"，一个书香气息很浓的空间，在南边放着一个长方形的木质桌子，前后有六把椅子，上面放着文房四宝，方便教师随时开展教研活动，方便学生来这里上社团课或课间来这里来练练字或坐在这里读几页书，也欢迎师生在这里自由交流。当我发现没有教师和学生时，这里也就变成了我的办公桌。

有时走进老师的办公室，发现上课老师的空位，我就坐在那里与其他老师聊聊天，不仅可以了解老师们的生活与工作的苦与乐，还能及时帮助他们进一步调整自己的工作节奏与方法，认可他们的一些教育教学方面的金点子，鼓励他们克服困难，勇于创新。与老师们在一间屋子里，这使我内心感到充实且平衡。

在学校每个教室后面都有一个书桌，上面有一个红色牌子，写着"课堂学习走访"，这里也是我的办公桌。当我坐在这里，认真聆听老师们的教学，观察学生们的学习活动时，教室就变成了我的办公室。在这里，通过向现场老师和学生学习，获得一手的研究教学的素材，反思学校推行的教学改革的问题，一系列新的想法与措施油然生成。甚至班级管理方面的一些问题也都会尽收眼底，与学生说几句话，看看他们的作品，这就为与老师或学生交流沟通储备了真实的证据，赢得了大家的信任。

当然，也有做得不好的时候。如因为这事那事去不了几次，一张空桌子摆在那里成了虚设，一切就显得那么假空。说句实话，忙的确是借口，还是内心的观念不能彻底扭转，让传统的权威式办公室观念绑架了自己的行为，让自己欠缺勇气走进那间集体办公室。撰写此文，也是为了督促自己经常坐在同事身边的空间里，去倾听他们，与更多的人建立联结。

其实，以上做法还谈不上是解决办法，可能他人也无法效仿，毕竟有不同思想的人会塑造出不同的办公室空间。比如，有的校长办公室里面摆放着不少学生的作品，这是尊重每个学生生命的体现；有的在墙上挂一幅字，写着"知行合一、上善若水、厚德载物"等名言警句，或者写着学校的校训、校风等，这体现着校长的道德与理念。我的办公室除了有很多的书籍之外，还有一幅字，是在一家重庆火锅店就餐时老板写给我的，算不上书法，但是这里面却有一个美好的故事。还有一幅手画的"思维树"，上面展现的是学校方方面面的工作，里面也有一段难忘的故事。也就是说，我办公室里所有的物品，都有与教育、与学校发展、与师生成长等相关的故事。这些故事，也是一种办公室文化，会塑造我的思想，指引我的行为。

参考文献：

弗雷德里克·莱卢. 重塑组织——进化型组织的创建之道 [M]. 进化组织研习社，译. 北京：东方出版社，2017.

第五辑
让管理走向人性的关怀

一所学校，最好的管理应该是什么样子？

一位校长，如何做到迷恋他人的需求而实施管理？

事实上，"最好"不过是一种虚妄，"更好"才是一种成长取向的追求。密云分校的答案，是致力于为教师们提供一种"不下判定的聆听的气氛，并提供鼓励自由表达意见的机会"。这样的管理，传递的是平等与尊重、开放与包容的价值观。它让身处其中的人，感受到一种无形却又无处不在的润泽的气息，从而迸发出无限的能动性与创造力。

"当人们投身于解决他们自己的问题并形成他们的思想时，一所学校就获得了一个可以凭靠的富有创造活力的机体。校长就有了自由地运用他的时间去帮助发展和指引这种活力指向种种有价值的目标。"这是缅因州威尔士中学校长瓦尔杰尼·欧伦描述过的"进化式领导"，他认为，通过让其他人做决定和解决问题来放松控制，实际上最终是增强了校长的力量。

密云分校的管理密码，或许正在于此。

以发现教师需求的视角，寻找所有问题的根源，让管理成为柔软而又有温度的力量——譬如发现和解决教师开会"不愿坐前排"背后的深层问题，譬如启动一所新学校从"善"开始，譬营造价值互联的教育环境，譬如做一个"走班学习"的校长……

这样的"微创新"，是引领学校迈出一大步的那"一小步"，体现着一名校长见微知著的能力，有利于学校持续生长。

解决开会"不愿坐前排"有何深远意义

▼ 问题发现

到新学校上任第一天，是与前任校长交接工作。教委领导、老校长与我在阶梯教室前的主席台相继落座。抬头向下面望去，发现主席台下的前几排座椅只稀稀拉拉散坐着一些老师，倒是最后几排座椅，满满当当坐了不少人。

过了一周，到校后第一次召开全体教师会。副校长把我请到主席台的中央位置坐下，他和几个主任无比自然地坐到了我左右……其实，这种现象在不少中小学校都会存在，因为这些学校中"官本位"思想还比较严重。

中国学校的管理机制中，都有一个所谓的校务委员会，往往由校长、书记、副校长、教务主任、德育主任、后勤主任、工会主席等人员构成。于是，在学校全体教师会或学生会等各种形式的学校集会上，便有一种现象：校长等一班领导习惯坐在台前，老师或学生们坐在台下。台上领导夸夸其谈，豪情满涨，台下老师习以为常，昏昏欲睡，各忙其事。

▼ 问题分析

1969 年 7 月 20 日，阿姆斯特朗走出登月舱，成为人类史上第一位登上月球的宇航员。当时，他说出了之后在无数场合被引用的一句名言："这是个人迈出的一小步，但却是人类迈出的一大步。"

在一所学校中，微创新往往也可视作能引领学校迈出一大步的那"一小步"。而对这"一小步"迈出的方位和时机的判断，体现着校长见微知著的能力。

回到上述现象，主要有三个原因：一是老师们能感觉到与学校领导之间的不平等，感觉到了距离；二是有的学校领导发言准备不充分，信口开河，随意拓展，没有时间规划，严重浪费了老师们的时间，时间久了，让老师们生厌；三是老师们在想方设法"对付"这些冗长乏味的会议，要么低头玩手机，要么忙着批阅学生作业，要么神游四海，因此选择他们认为"比较安全"的后排位置就座。

≫ 解决方案

第二次会议结束时，我当场提议，从下次会议开始，谁发言就走上前台，其他人员，包括学校领导，一律坐在教师中间。即便是学生上台发言，领导和老师也要坐在台下专心听。

"学校里每个人都是平等的，所有人都应该彼此尊重。包括学生们，他们都是一个个独立的个体，有自己的尊严、思想和个性，他们同样与老师、校长是平等的。学校里只有角色不同、分工不同，没有高低之分，没有什么领导与下属，谁有思想谁就是学校的领袖，谁站在发言台前，谁就有发言权，就应该受到大家的尊重与赞赏。"看着老师们有些疑惑，仿佛不太敢相信，我才又说了如上这番话。

事后听说，那天的会议结束后，老师们仍在私下热烈议论此事。有的被我这个新来校长的非常规"套路"吓到了，有的被我那番话感动了。老师反映："这才能实现真正的民主治校、教师治校。"中层干部也很支持，因为他们也不愿意从头到尾坐在台上当"陪衬"。

几次会议调整下来，学校的会风真的开始变了，也带动了其他方面的变化。比如：平时的研讨交流、工作安排，都变得简洁明快，做事的人更有说话的意愿，也更有话语权了。会议的内容也逐渐去行政化，学术氛围越来越浓。

"谁做事谁最有权力，谁发言谁最有权威"，学校里渐渐形成了这样的行事风气。随后，学校治理理念与治理机制确定下来。

学校治理理念为实施扁平化管理模式，实施分布式领导。积极倡导落实总校"工作文化十条"；在扁平化管理运行机制的基础上进一步完善，实行年级党小组书记、校长助理制；进一步实行项目工作"首长负责制"，校级干部与中层干部必须担任课堂教学工作；每一个教职工为了本职工作，都有权调动安排学校所有可能的资源；学校工作推行"首问制"。真正实现赋予年级组的四种功能：一是教师的行政管理功能，二是教育教学的组织功能，三是教师的聘用安排功能，四是教学实验的科研功能。真正实现赋予学科的四种功能：一是成为教学实验的研究组织，二是成为学科教学的管理组织，三是成为教师进修和校本培训的组织，四是成为该学科特长学生系统培养的组织。进一步厘清全校的岗位设置以及岗位工作常规，做到岗位清晰，职责明确，有序稳妥做好岗位聘任管理；人力资源中心要完善对全校各岗位工作的满意度评价标准；进一步完善学校对教职工的各种评价机制，包括推优评先评职的制度；党政办公室要统筹规划、制定切实可行的办法，进一步加大学校对外宣传的力度，尤其是要大力宣传优秀教师和学生。

治理理念与治理机制的更新迭代，为落实学校发展三年规划的具体目标与战略任务开启了思想的阀门。

具体目标如下：

一是全面加强党建工作，完善"B+T+X"（B代表"标准"、T代表"特色"、X代表"先进性"）党建工作品牌，充分发挥党建工作统领学校各项工作的职能与力量。

二是有效利用空间，依据课程改革理念，努力创建"有人性、有温度、有故事、有美景"的校园文化，让"文化、环境、课程、学习"一体化运行。

三是改革学校治理结构，创新学校管理模式，完善治理机制，实现"依法治校、民主治校、科学治校、自主治校"的理想格局。进一步明晰干部的权责，提升其岗位领导力。

四是依据"育·英课程"体系整体架构，创造性地落实并构建育英学校自己的课程改革方案。建构教学领导力模型，有效落实教学常规管理，进一步探索落实教学改革创新路径，研究科学教学评估与有效管理策略。

五是依据国家育人目标与中国学生发展核心素养指标体系，努力探索适合的德育课程，创新学校德育管理新模式，探索"立德树人"校本化实践模式。

六是凝练教师成长基本理念，创新教师发展激励机制，为不同层次教师制定专业发展目标，进一步激发教师工作的动力和创造力。加大教师的信息化素养培养力度，培养一批学习型、研究型教师，促进年轻教师快速成长，促进薄弱学科与薄弱教师的更新换代。

七是改进后勤与工会工作，全面为教职员工提供优质服务，提升教师职业道德水准。完善绩效评价制度，探索适合分校特点并与总校接轨的绩效考核办法。

战略任务如下：

一是完善课程化校园文化建设系统工程。以"全学习"校园生态文化建设理念为指导，将中华优秀传统文化、社会主义核心价值观、中国学生发展核心素养等元素化为教育情境，每个空间都拥有自己的品质与故事，学生和老师们在校园里拥有更好的生活、学习方式，使知识体系情境化，环境文化课程化，学习资源可见化，让学习能够在校园里自然生长。

二是加力推动课程与教学改革创新工程。遵循国家课程改革理念和中考改革方向，依据总校课程改革整体规划和教学主张，根据学校三年的探索研究实践经验，在已经实施的"三维度五层次'全学习'课程架构"与"基于'全学习'的教学评一体化"教学改革成果基础上，有的放矢地逐步加大落实与改进的力度，引领教师大胆创新教学方式，自觉进行课程与教学改革，尽可能满足学生的不同需求，为学生提供一批精品课程，整体提升课程品质与教学质量。

三是分层落实教师自我成长工程。继续充分利用总校优秀教师和专家的资源，依据"5+2"教师自主成长（"5+2"指"读书、写作、课题、课例、课程、访学、分享"）这一课程模式，加大教师培训学习的力度，科学引领不同层次教师成长自我规划，完善不同需求教师成长激励机制，搭建教师成长平台，创新本校学习教研制度，逐步向总校规范接轨，解放教师的职业兴趣，让自主专业成长成为习惯与自觉。

四是全力做好学生自主提升工程。依据育人目标，重点开发好"'全学习'品质德育课程"，充分相信学生，鼓励学生参与学校治理，进一步完善梯级育人管理体系，探索学生自主管理的育人模式，使学生养成良好的自主管理与自主学习的习惯与能力，实现"学生全面发展的人"的目标。构建适合本校的"德育大纲"，探索"立德树人"校本化育人经验。

五是创新探索家校社协同育人工程。探索实践学校如何成为"家校社联盟"的引领者，构建指向育人价值观的共同愿景。厘清学校、家长、社会各自的权责，进行多层次沟通构建和谐关系，营造基于共同目标的育人机制与环境，落实好"家长学校"课程、"家长义工"课程、"片区家访"课程、"家长有约"课程。

如今看来，从学校最常见的会议入手，毫无疑问是优化学校内部治理的一个好开头。基于这个看似切口最小的细微处的改变，学校的科层制管理可能发生改变，由此促进学校管理权的平稳下移，营造更为务实的工作氛围，并最终影响整个学校的制度与文化。

一旦教师的话语权得到尊重、专业角色得以重构、职业生活的本质得以彰显，他们的职业幸福感会随之而来。

主任们太强势扼杀教师想法怎么办

　　我所在的学校，如同大多数学校一样，都设有"教务处""德育处""后勤处"等业务管理部门。我发现，这些部门的主任们都很敬业，执行力也很强，他们在履行着自己的职责，忠实地践行着校长的办学理念，更是不折不扣地以完成上级各种督导检查为己任。但是有些老师却向我反映，说这些主任们都很强势，屡屡布置任务让他们承担，致使他们每天应接不暇，忙得团团转，而自己的一些想法却没有机会来尝试和落实。甚至会发生这种现象：自己思考了很久的创新做法，想赢得学校的支持，但是有些主任并没有与校长沟通，就把自己的想法给半道截杀了。于是，在中小学校里，你会经常看到一些只会执行或应付工作的教师，感觉他们普遍缺乏思考、不爱创新，甚至导致严重的职业倦怠。更会看到一些像"领导"模样的主任们，在操纵着学校的运转。

　　在中小学校里，这种治理理念、管理部门的分工与职责，我不知是从什么时候开始的，当然，我认为起初它是适合中小学校的管理实际的。它有利于管理者各司其职，也有利于工作的集中实施，便于这些主任们的专业化发展，使学校各项工作能够有条不紊较快地落实下去。但是，伴随着社会经济和教育事业的发展，课程与教学改革新理念的诞生，这种依赖"自上而下"的科层式管理的弊端越来越凸现出来，不适应当下或未来学校改革的发展需要。

这种管理模式缺乏以人为本的理念和民主思想，它长期受中国传统文化和应试教育的影响，其管理目标自然不能很好地落实到人的发展上来。如果管理人员存在"官本位"的思想，则会忽略了自己的专业发展。负责任有担当的管理人员，会因为自己的认真工作、严格执行导致上述"问题发现"中陈述的现象，倒霉的自然是一线的教职员工。有的学校则会出现人浮于事、责任分散、形式主义严重、重数量轻质量和效益等现象。整个学校管理会出现只看重校长与主要行政人员的作用的现象，教师的话语权较少赢得学校重视，导致学校无暇顾及教师的思想与看法，不能主动去很好地挖掘他们的智慧与资源。

有些学校还会存在部门之间配合不够和谐的现象，不能在完成本部门工作的同时，积极主动地配合其他部门的工作，缺乏团队奉献精神，在一些重大问题上不能充分论证。因为彼此之间沟通不畅，不能做到防患于未然，不能及时传达有效信息，影响了工作的有效开展。

解决方案

我决定改变这种已经不适应新形势发展的学校治理结构和管理模式，借鉴企业管理理念实施"扁平化"管理模式。学校要根据课程改革的需要重新厘定框架，打破传统的"科层式"管理模式，形成适应教育变革的新型管理机制，使决策权向组织结构的下层移动，让下层单位拥有充分的自主权，并对决策的结果负责，提高决策的质量。在正确处理学校办学自主权和解决学校价值观问题的基础上，实现校长、中层干部和教师的教育角色重塑，健全学校组织系统、决策系统、执行系统、监督系统、评价系统的布局设计，形成有效的管理体制和良好的运行机制，努力提高各个系统的执行力和认同感。

我采取的第一项措施很简单，就是把原先的"教务处"更名为"教学服务中心"，把"德育处"更名为"教育服务中心"，把"后勤处"更名为

"后勤服务中心"，增设"人力资源服务中心""课程研究服务中心""学生发展服务中心"等专业职能部门。这样，便由"管理"理念改变为"服务"理念，从校长、副校长到各部门主任，都要以为下层单位和所有老师们服好务为自己的最基本义务。我到学校的第一周就把这些管理部门的门牌给换掉了，观念不变，学校的各项管理新举措就难以真正顺利地推行。

第二项措施，构建创新型自主组织文化，使每一位人员成为自觉的创新者，实施以价值观为基础的分布式领导，倡导主题性或项目化研究方式。在教师自愿的基础上组建了一些"民间性"学术组织，如学术委员会、青年教师成长协会、教师领袖成长俱乐部等。这些组织的领导者均来自一线教师，行政领导也要遵从他们的章程，他们可以直接对校长负责。

第三项措施，分别赋予年级组和教研组真实全面的功能，把原先属于德育处或教务处的工作职能下移至最基层单位，让这些基层组织受到尊重，有权力，有地位。苏霍姆林斯基说："如果你想让教师的劳动能够给教师带来一些乐趣，使天天上课不至于变成一种单调乏味的义务，那你就应当引导每一位教师走上从事教育科研这条幸福的道路上来。"学校引领教师成为一名研究者，做一名自主成长者。

第四项措施，为了真正鼓励教师积极生成、展示自己的想法，学校依托总校开发的教师自主成长模式（读书、写作、课题、课例、课程、访学、分享），开展多种形式的培训和学习活动。如：干部挂职培训，班主任、学科教师分学科、分年级、分项目到总校体验学习，请总校名师到分校跟踪指导，师带徒，新教师在总校实习，"育英杯"同课异构等。依托多方位平台，采取"请进来走出去"的方式，开拓教师视野，激发教师激情，引进一些课程创新项目在学校生根发芽。开展"三个一读书活动"，即读烂一本经典，主攻一个专题，精研一位名家。引导教师通过各种学习体验牵引出或生成自己的想法。在这样的环境下，"读书、服务、民主、尊重、榜样"成为学校团队文化的主题词。学校创造条件，发现自下而上的教育主张与智慧，尊重师生的个性化需求，学校为师生个人或团队的研究项目提供资源，增加供给。

第五项措施，加强干部队伍的建设，建设一支有教育情怀、有思想境界、有学习力、廉洁勤政、克己奉公、精通业务、任劳任怨、善于研究、敢于担当、勇于开拓的干部队伍，促进较大年龄干部具备一些创新意识，鼓励年轻干部担当各方面管理重任，在锻炼中成长，做广大教师的排头兵。培养学校自己的"土专家"，使领导干部有能力理解老师们的各种想法，这有利于提升干部的影响力与为人格局，愿意接受并支持老师们的新做法。

我认为，学校管理就是对学校组织系统内外诸因素进行优化组合从而高效实现育人目标的一种活动。解决的最好办法就是从管理体制和机制入手，调整学校教育生产关系，解放教育生产力，如此，学校教育人才培养目的、学校课程与课堂教学、教育评价与管理等方面的转型与改革创新才能成为可能。

但是，也要注意协调好"扁平化"管理模式与过去"科层式"管理模式之间的平衡，毕竟，上级教育行政部门仍然是以"科层式"管理模式为主。如此，则会更好地解决学校内部各部门之间的关系，改善教师成长动力不足的现象，很好地实现学校的办学思想和教育价值；也能协调好与上级各部门之间的关系，较好地解决学校办学自主权界定不具体、不明确，校长负责制的落实难以到位的问题。

缘何重视新学期开学第一天的会议

每个新学期开学第一天，会看到老师们互相愉悦地交谈着什么，脸上都泛着明亮的光。我知道，老师们的假期看来过得不错。

一个假期，老师们的身体会得到彻底的休整，精神会安定下来，放松下来，与亲人朋友有更多的心灵与情感的交流，可以有机会离开长期生活的地方，到自己心仪的陌生的世界旅行参观，与另个一世界的精神与物质对话。

开学了，心里自然会积攒下一些新的想法和新的力量，准备进一步弥补过去的遗憾，继续未完的使命，期待新学期有更大的收获。此时，老师们都会对学校新学期所描绘的愿景和姿态充满强烈的好奇心，因为他们需要单位的唤醒、警示，需要学校明确目标的引领、助推。

如果学校不能给教师们明确新学期的期望值，新学期的各项工作将会很被动，甚至会出现混乱局面。新学期的期望值直接影响学校的教学与管理氛围。

校长是一所学校的关键因素，他决定着学校能否朝着积极的方向发展。因此，他必须首先认为自己对学校的各个方面的问题都负有责任，不计较这些问题是出自学校内部还是受到了外部因素的影响，始终认为自己是最终负责解决问题的那个人。

新的学期，不同层次的教师都对学生有一个期望值，寄希望于自己的学生有很大的变化，认为学生是关键变量。但是，真正起作用的因素，却是教师对自己的期望值。优秀的教师对学生要求很高，但对自己要求更高。平庸的教师对学生的要求高，但对自己却放松要求。不仅如此，他们对身边的每个人都抱有一种不现实的期望，他们希望校长是优秀的、高明的，家长是无可挑剔的，并且希望每位同事都对他们投以高度的关注。

无论从事何种职业，成功都始于自己的脚下。毕竟，只有自己这个关键变量才是最容易被我们控制和影响的。其他的，我们往往无能为力，且希望渺茫。因此，新学期第一天的会议就基本上要定好每一个人的期望，与每一名教职员工回顾过去的成功，肯定其假期的收获，描绘新学期学校的发展目标与愿景，表达学校关注的主题、态度与实现的路径，明确哪些需要传承、坚守与持续，哪些需要突破、改变与创新，让老师们看到希望，接收到对他们的尊重与关怀，感受到给予他们的力量与能量，从而形成与学校脉搏跳动相一致的期望值。因此，我会在假期里花很多时间思考这个问题，我认为这很重要，我不能让老师们跟着我打糊涂仗。

⋁ 解决方案

下面我列举三次新学期开学后第一天会议的情况，或许大家会从中领悟到一些做法。

第一次会议是在新学期我刚上任时，对象是全体教职员工，与会的还有总校的杨校长，教委的杨主任、张书记与分管领导王主任。为了这个讲话稿，可以说我足足准备了一周。因为我知道，这个讲话稿虽然不能太长，但是它决定着老师们对我的第一印象，对我的信仰、理念、人格、情感、态度、策略、决心等众多信息的辨析与比较，事关对一名新校长的认同与接纳。我现在还能记得当时我发完言后的情景，大家为我热烈地鼓掌。下面我把当年（2016 年 7 月 8 日）的就职发言原文分享给大家。

尊敬的××书记、××主任、××校长，各位领导，老师们：

大家下午好！

在我即将履职校长之际，我想用"感慨""感谢"和"表态"三个关键词来表达我此时的心境、心情和心意。

第一个词是"感慨"。密云是一个历史悠久、人杰地灵的地方，这里天蓝、水碧、山青、树茂、花香，这里更有一群颇具教育情怀、热爱教育事业、很有奉献精神的真正的教育人。我与诸位因教育而结缘，因密云而结伴，这是我的大福大幸。记得两年前刚到北京，我们于校长就带我来到密云教委，那时的密云就给我留下了美好的印象，现在将开启我的密云教育生活。

第二个词是"感谢"。今天很激动，也很荣幸，纪校长把学校发展的接力棒交到了我手中，我感觉很惶恐，更感觉到了压力、责任和挑战，我能承担起应有的担当吗？我不知道。此时此刻，我里迸发的是"感谢"，感谢各位领导对我的信任，给我一个有用于社会、有用于密云的平台，更感谢以纪校长为首的上届学校领导班子和全体老师给我的这份重托、这份厚望。

第三个词是"表态"。既然重任上肩，既然诸位寄希望于我，我就应该常怀"回报"之情。在此，我想用四个"心"表达我的心志。

一是诚心待人。我将抱诚守真，信守不渝。与同事交往，志在真诚，恪守不违。与领导交往，贵在尊重，重在执行。做到相互理解，和谐发展，共同提高。

二是潜心学习。育英学校的校训是毛主席的题词："好好学习　好好学习"。来到密云，我会潜心向各位领导和老师们学习。做到以身作则，多读书、多反思、多研究，努力把学校构建为一个学习共同体，引领教师做学习型、创新型和研究型的教育工作者。

三是用心做事。"静静挂在枝头的桃子"是育英学校的校风，它意味着：对于学生来说，要"懂规矩、有教养、守礼仪"；对于老师来说，要身正为范，"桃李不言，下自成蹊"；对于校长来说，要"心无旁骛，静心办学"。因此，我希望与老师们一起，在密云区教委的领导下，在北京市育英学校的指导下，认真学习、研究并创造性地践行总校的办学理念与课程改革成果。

四是真心服务。我认为，作为一名校长，他应该是教师专业发展和学生学习成长的引领者、服务者和帮助者。因此，我想依托总校的资源，努力为广大师生的成长与发展创造机遇、搭建平台、做好服务。让教师成为学校真正的课程领导者和教学领袖。为学生提供适合的课程，满足他们全面发展和个性发展的需要。办一所适合学生和教师成长的有文化内涵、创新型的示范学校，办密云人民满意的学校，做最有价值的教育，以此回应社会各界对优质教育的渴望与关切。

我相信，有教委领导的鼎力支持，有育英学校的倾力指导，有广大教职员工的全力帮助，我们一定能把工作做好。诚恳盼望大家对我多批评，多监督，多指导！

谢谢大家！

第二次会议是在一次寒假开学后的第一天，那次会议我仅仅用了一分钟的时间讲话，也赢得了老师们的热烈掌声。

我组织开会有一个原则，就是严格按照预先规定的时间，决不拖延会议时间。因为我知道，大家会对你的讲话比较重视，都想从中获取些目标、理念或知识等信息。同时，简洁而有料、有力的讲话能振奋精神、凝聚人心、给人启迪。每一次讲话我会认真准备，亲自撰写并做好课件，字字斟酌，句句揣摩，生怕会因我的不尽心影响听众的情绪和会议时间。

我们事先预定会议时间为一个半小时，先由四个干部发言，根据自己负责的工作和任务与老师们分享。每一个干部都做了精心准备，老师们听得也很认真。时间一分分地迅速过去，一个半小时马上就要到了。

我明白，我准备了半小时的讲话内容看来没有时间讲了。我一边往发言席走去，一边说："请大家给我三分钟时间。"上台后，我讲了如下一段话："我支持各位干部的工作思路与计划。请大家在本学期注意抓住机遇、认清形势、追求质量。我们应相信缘分，珍惜友谊，携手共同成长，开创未来新局面。"

老师们万万没想到我的讲话会这样。会后，有的老师说："校长，你的讲话只用了一分钟。"我知道老师们很高兴，我清楚，这一分钟的简单的发言胜过再拖延半小时的比较全面的发言。

其实，最为关键的是，前面每位干部都已经分析部署得非常详细了，我的作用只不过是支持与服务罢了。

我一直有这种观念：作为校长，不要在一些会议上喋喋不休，过于强势，认为自己什么都懂。有时，话越简短，力量越大。老师们理解力都很强。再说，校长要相信干部们，把话语权交给他们。只有解放干部和老师们的专业话语权，给他们展示发挥的机会，整个学校才会有生命的活力。管理好时间，提升单位时间效益，这种习惯如果融入了学校文化，它肯定也会影响学生的。

第三次是在一个暑假开学后的第一天。我用了整整一个假期的时间在准备这次会议。这是我来学校第三年的一个新学期，学校的各项工作正进入更加追求内涵发展的关键期，也面临着一些凸现出的困难与矛盾，新学校基调不准确，得不到老师的理解、认同与支持，会影响下一步的快速发展。我需要为老师们找到一个合适的学习、工作和生活的"主题"。

直到临开学前一天，"更和善、更坚定、更有品质"这个主题才从我脑海里迸发出来。当然，这是思考很长时间后的灵感乍现。在全体教师大会上，我说："一所学校的发展，最关键的因素是教师，没有优秀的教师，不可能有优秀的学校。"因此，培养优秀的教师，发现优秀的教师，依靠优秀的教师，解放优秀的教师的思想与行为将会成为新学期的重点工作。

"更和善"，从尊重每一个人开始，毫不吝啬地去赞美每一个人，为了成就每一个人，勇于重建自己的观点，谦逊地倾听他人，谨慎地关注他人，创造性地实践探索"立德树人"的有效方法与途径，成为一名自觉的改革创新者、教学的领导者、学生健康成长的引路人。

"更坚定"，则是为了更加公平，坚定执行既定的制度，完善实施的方案，尊重那些优秀的人，消除不合理、不公正的行为，为每个人营造心平气和的工作环境，让不良风气渐渐消失，办一所有温度、有人性的学校。

"更有品质"，则要求关注真实的细节与习惯，让常规成为经典。教育没有多少大事，无非每天读好书、扫好地、吃好饭、多运动等这些日常之事，只要坚持做下去，等凝练成了习惯与传统，高品质的教育也就诞生了，特色自然会凸现，学校文化自然会与众不同。教育不能折腾，应该在"守正"的基础上"创新"。

开学第一周，欣喜地感觉到：老师们更专注耐心了，全员育人效果明显；学生们更勤奋文明了，学习活动状态良好。一所关注人，敬畏人，成就人，"以人为本""以学习者为中心"的学校在安静的校园里孕育着，生长着。

参考文献：

托德·威特克尔. 优秀校长一定要做的 15 件事［M］. 卜媛媛，译. 北京：中国青年出版社，2007.

如何做到迷恋他人的需求实施管理

∨ 问题发现

　　刚到学校时，常走进教师的办公室，想趁机与老师们有更多交流的机会。老师们都很客气，都不好意思说一些什么。但是，凭借与老师们的交流、细细浏览办公室的环境，一些老师内隐的需求，慢慢浮现在脑海里。

　　不客气地说，每个办公室的环境并不令人满意，先不说卫生状况，单看看每一名教师的办公桌上，教材、备课本、作业本、手机、水果、面包、点心、药瓶等等，琳琅满目，凌乱不堪。再看教师座椅的前方、左边或右边，到处是张贴的表格啊、计划啊、总结啊、家长联系方式啊等等，有的还是去年的、前年的。一抬眼，看到了放置学生作业的书橱门上，张贴着各种文件、通知，这些书橱被透明胶布、胶水等涂抹得一塌糊涂、无精打采，就像一个头部受伤缠满裹带的人。

∨ 问题分析

　　在此暂且不论以前的管理方式。一段时间的观察之后，我发现这里的老师并不是不勤奋，这里的学生也很阳光，这里的一切活动都能按部就班地运行。也就是说，这所学校的基因还是很不错的。但是，我却一直有一种感受，这里缺少的是基于标准的顶层设计、基于专业的业务引领、基于一以贯之的行动推进，也就是说，缺乏的是对有效常规文化的专注与沉淀。守正与创新，是一所学校持续发展中需要遵循的辩证法，缺少了可以"守正"的文化产品，"创新"便不会萌发，因为"创新"总是在传承的基础上、在学习的前提下才有力量。

在这样的学校里，每个人肯定都会有最原始的需求，只是他们并不愿意当众诉说罢了。而这种需求的发现与满足也许就是这所学校的生命力再次被激发与唤醒的一个支点。

解决方案

对此，我一直保持着沉默。一个月后，教师的办公室里增添了两件东西。一是每一名老师办公桌旁边的墙壁上多了一块扎钉板，老师可以把需要张贴的东西用钉子扎在上面；二是每一名老师的办公桌上增添了一个精致的格子大小不一的小书架，老师原先办公桌上的东西可以有序地放在里面。

这让老师们很高兴。再走进办公室，老师的桌面清爽多了，不再随意张贴了。有些学校，往往制定一些检查教师办公室的严格的制度，不允许老师桌面上乱放东西、不允许老师在办公室里乱张贴，但是却忽略了老师们的需求。不让他们乱张贴，那他们需要保存的东西、害怕忘记需要抬头就看见的东西往哪里放啊？这的确是教学工作所需的啊！不让他们乱放东西，那学校办公室有足够的放置东西的空间吗？况且有些东西老师需要随手拿来就用的，甚至有些是老师私人的东西，如女教师的化妆品、课间需要添补的零食，年龄大的老师们的药瓶药罐等等，放在哪里呢？每人一块扎钉板，每人一个小书架，就这样静悄悄地解决了老师们的现实问题。

我并不反对一些学校实行人走办公桌就彻底干净的管理理念，但是仅仅如此要求是不够全面的，因为这里面渗透的只是学校的管理目标，缺少了关注老师的具体需求。冰冷的制度与温暖的关怀，这两种管理的目的是一样的，但是给予人的感受是不一样。

学校借助工会推行了"五星级"办公室评选活动，在每个办公室门的上侧，都安装了可以更新红五星的评比结果牌，每次检查根据星级标准确定几星级办公室，每个办公室都有不等的小奖品，奖品价格差别很小，目的是鼓励大家，提醒大家要保持好自己办公室的环境干净整洁，鼓励用绿植或其他方式进行个性化温馨办公室文化创建。这时，再要求老师整理自己办公室的时候，老师们都乐呵呵地随手整理了，没有一点情绪，因为他们都认为一个干净整洁的办公室，一个清晰明了的办公桌，是自己的事情，与学校有什么关系啊。

我从来没有在任何场合嫌弃老师们把办公室弄得乱乱的，我首先反思的是学校的服务是否到位、是否合适。学校的管理需要善意的表达，但是这种表达更需要方法。

我一直致力于了解校园里那些力争上游的人，努力捕捉他们的需求。校长需要面临的一大挑战就是该如何成功地面对那些力争上游的人。这样的人往往负责着学校的很大一部分工作，如果我们不能有效地与他们合作共事，就会失去他们对学校的宝贵贡献，而这种贡献往往又是别人代替不了的。每天，我都去尝试努力了解这些人，关注他们的需求，并且最大限度地发掘他们的能力。比如，有的老师要上研究课了，他需要有专家指导；有的老师写了篇文章，他需要有人为他润色修改；有的老师需要购买教学用品，他需要学校立即安排去采购；等等。

其实，据我多年的观察，那些力争上游的人对自己的要求并不是很高。校长不要总是以鸡蛋里挑骨头的心态去要求他们，否则他们会选择不再冒险尝试新的挑战。如果对他们的小差错纠缠不休，教师就会害怕与我们进行接触或者交流。包容他们的小差错，迷恋他们的小需求，这是与他们交往、调动他们工作积极性的智慧选择。

一定要给这些教师们充分的自主权，即去做任何他们认为正确的事的自由。要鼓励他们去冒险和争取机会，要支持他们实现那些其他人不能实现的改革。不要贸然肯定或否定新想法，取而代之的是，要记录整个过程并试图找出使其他人也能同样完成任务的方法。我知道，这才是他们最需要的。

给予优秀教师自主权也就意味着我们不能再尝试通过制定纪律的方式来控制那些教师了。如果我们指定规则，优秀的教师往往会严格遵守，他们也就失去了自主权。因此，在我的学校里，从来没有考勤这件事情，把任务交给老师们了，就要充分相信他们。

除了自主权，还要给予优秀教师们充分的肯定。当然，不一定是正式的肯定。其实经常对他们所做的与众不同的事情给予肯定完全可替代教师物质奖的作用。给他们写个便条，发个微信，与他们相遇时说句与他们需求有关的话，经常激励他们去努力。尽管这需要校长为此付出一些精力，但是你所得到的收益配得上你所有的付出。其实，这应该是校长的日常工作。当我们承认他们所付出的努力的时候，他们会加倍努力地继续工作，并且会因此觉得与我们或者是与学校的联系更紧密。当我们向他们表示尊重的时候，他们则会回报我们更多的尊重。

校长的这种思想与行为，让每一个人、每一名学生、每一位教师以及每一位家长，也都学会关注对方的需求，在全校范围内形成支持每一个人去为正确的事情努力的氛围。在此氛围中，所有人都会主动去做最有利于学生和学校的事情，那我们就会很少做出所谓的错误决定了。

我认为，这才是在做正确的事，无论你周围的人是怎样做的，你都要真诚地、耐心地去捕捉他们的闪光点，发现他们的需求。我深深地明白，人与人之间的行为和观念都是与情感相联系的，需要你懂得用情感的力量来推进改变，需要你偷偷地对他人好，不动声色。迷恋他人的需求，是对人的尊重。启动一所新学校，应从"善"开始。

参考文献：

托德·威特克尔. 优秀校长一定要做的15件事［M］. 卜媛媛，译. 北京：中国青年出版社，2007.

怎样让作业与学生成长更好地融合

问题发现

课外作业应该是教师为学生精心准备的礼物。在家完成学校布置的学习任务，有助于学生认识到学习并不局限于学校的课堂环境。但是我却发现，课外作业并没有我们想象中那么美好，它其实已经演化成最让孩子恐惧的负担。

以前我们尝试过这样的做法：控制作业的总量，当天没有课程的科目不能布置家庭书面作业，每星期的一、三、五只允许布置语文、数学作业，二、四只允许布置英语、理化作业。同时规定，语文只允许布置一道阅读理解题，数学、理化只允许布置一道题，不允许大题套小题，英语只允许布置一篇小作文。但这样做，同样无法解决实质性问题，因为没有人去协调好所规定的时间以及教师真正布置的作业量、题型或方式，一些超乎要求之外的作业类型会随机冒出来，"偷着"布置作业的现象让管理者很无奈。

尤其是，指向学生的全面发展、个性张扬和终身幸福的课程没有机会来探索设计，更没有可以安排的时间来实施，学生无法得到自主学习的权利，丧失了学习的乐趣，其能力、素养得不到机会培育与展示，身心健康受到严重影响。

问题分析

为什么会有"题海战术"呢？北京师范大学肖川教授认为：一是因为

这种"战术"对当前"大规模时空限制下的纸笔考试"的有效性；二是因为我们常常不愿提及但事实上又真实存在的教师之间的残酷博弈。

校内教师之间的博弈可分为两类：一是同年级同学科教师之间的博弈；二是同班级不同学科教师之间的博弈。但不管哪一种博弈，一个教师要想取得所谓的"教学成绩"，必须让学生在自己的学科上投入更多的学习时间，而各学科教学时数一定时，教师必然要想办法占用学生的课余时间。要想更多地占用学生的课余时间，一个简单的办法就是布置作业，布置比其他老师更多的作业。当各科教师都想布置更多的作业以"占用"学生更多的时间来学习自己的这门学科时，教学中的"囚徒困境"就产生了。

在抢占时间的过程中，有的老师从中获利，有的老师从中受害。这里所说的"利""害"只是针对简单的成绩高低而言。为什么这么讲呢？虽然每个学校也认识到了没有节制地布置作业的害处，对于学生的家庭作业量都有时间上的规定，但是在具体实施方面还是有一些实际问题的，那就是谁来掌握时间。数学老师布置的作业并不超量，语文老师布置的也不超量，但是数学和语文作业相加可能就超出规定的时间。更何况，中学生绝不是只有语文和数学作业，他们要面对八九科的作业量，这么多的作业量加起来，可还得了？

最要紧的是对学生几乎没有多少好处。其一，对成绩好、认真听话的孩子来讲，他的时间几乎全被做作业占据了。他没有多少时间用来发展个性、发展特长，他更失去了创造发展的时空。其二，对成绩稍差，但认真听话的孩子来讲，他害怕被落下，他要追，于是他会学得非常累。其三，对成绩好，但不听话、有个性的孩子来讲，他将是被打磨的对象，用不了多久，他就会被消磨掉个性。其四，对成绩不好的学生，这种博弈无异于将他们早早地推出竞争的舞台，由此带来的一系列社会问题就值得人们深思了，逃学、上网、打游戏使太多的学生成了问题少年，但这个问题似乎还没人敢站出来埋单。

基于以上现象与事实，我在山东省利津县任校长期间，于2007年提出并实施了"零"作业教学改革实践与研究。经过八年坚持不懈的探索，"零"作业教学改革不仅取得了突出成效和成果，而且成为农村学校有效推进素质教育和实施课程改革与教学创新的重要抓手，成为"减负增效"的重要方法和途径。

推行"零"作业有特殊保障。作业布置"三不准"：一是一律不准布置课下书面作业，不准课下发放成套试题，课上完不成的作业不准留在课下做。二是"两监督"，即学生监督老师，学校督查组监督老师：老师给学生布置机械性、重复性的课外书面作业，属于违纪，学生可以不做，可以向校长写投诉信；学校督查组随时随地检查，一旦发现老师给学生布置课外书面作业，立即通报批评。三是"一必须"，教师在课堂上为学生提供精心设计的问题，必须实现当堂评价。

科学整合国家、地方和学校课程，形成"三纲要一综合"式课程架构。学校推行"零"作业教学改革，通过为师生减负，切断了传统的教学路径，迫使教师的教育思想发生转变：为提高课堂教学效率，教师开始思考没有课外作业后的课堂是什么样子，该怎样备课；学生开始思考在没有了硬性任务之后可以做什么，该如何主动学习。

《单元自主学习指导纲要》引领学生自主学习。在我校，上午第四节是雷打不动的自习课时间。自习课上，在每个学生的面前，都有一份《单元自主学习指导纲要》。它是任课教师根据课时数，将教学单元预习内容整合在一起制成的，目的是引领学生在课前的自习课上自主学习，使学生能够掌握基本知识，发现疑难问题，进行自我评价。这样就有利于教师在课堂上对具体学习目标进行分解与阐述，对学习重难点进行分析与把握，对学生进行有针对性的学习指导。

《课堂学习指导纲要》有助于实现课堂教学流程的科学再造。《课堂学习指导纲要》有五个环节：目标定向、学生先学、合作探究、点拨拓展和反馈评价。课堂学习目标是学生在自主学习基础上新生成的问题，具有很强的挑战性，教师要求学生在独立解决问题的基础上，在班级内形成小组之间、生生之间、师生之间的多向对话，以交流"先学"成果，实现教学重难点的突破，满足不同层次学生的学习诉求。问题解决之后，学生就开始了丰富多彩的展示：在教师的组织下，学生到黑板前讲解、提出问题，把自己的思路、观点、方法等展示出来。教师在学生展示时倾听、记录，准备点评。课前师生有了积极的准备，课堂变成了学生展示的舞台，变成了教师评价、引导的场所。课堂不再是学生学习开始的地方，而是学生学习提升和深化的支架，这不仅减轻了学生的课业和心理负担，最重要的是还给了学生学习的自主权，学生能够张弛有度地对学习过程进行自我控制。

《双休日（节假日）生活指导纲要》则旨在重新衔接学生课内外生活。学校鼓励教师挖掘具有实践意义的课程资源，为学生设计《双休日（节假日）生活指导纲要》，它有效地改变了学生的课外生活方式。

综合建构学校校本课程体系，走教育改革课程化之路。学校的课程主要包括科技探究类、人文社会类、艺体综合类、活动体验类、综合实践类等几大项。学校还有传统的读书节、体育节、科技节、艺术节等节日课程。学校依据育人目标"做有担当的现代人"，开发了大型德育系列主题课程"担当教育"。学校提出"探寻传统文化、引领一方文明"的教育观，鼓励学生参加实践活动，寻访民间艺人，请他们走进校园，走进学生的课堂。学校每年一届的"社团文化节"，集中展示学生社团的活动成果。

怎样营造价值互联的教育环境

⌄　问题发现

曾经看过一段视频，讲的是"区块链接将如何改变世界"，里面提到第一代互联网缔造信息互联时代，第二代互联网缔造价值互联时代，我产生了共鸣。

在校园里，有一种现象：大家都在按照组织的要求和标准努力地奋斗着，这个组织包括上级行政业务管理指导部门、教务处、德育处、年级组等。其基本现状是疲于奔命，或者是尽力而为，却与学校的教育价值观相背离。

还有一种现象：听老师们说，学校近几年没有外派老师出北京参加一些参观、培训学习。大多数的培训学习，被动接受区级教委安排，没有根据自己学校的教育改革项目或是日常实践问题选择专家来指导。也就是说，同样是远离了自己学校的价值观，不能聚焦学校自身的问题与需求。如此，也就无法吸引一些志同道合者，包括校内与校外的，来共同为一所学校的愿景服务。

⌄　问题分析

学校内部组织能力的强势与管理方式的惯性，束缚了组织内个人的发展。这种环境抽干了每个人身上的人力资本。大家疲于应对眼前的事务，却经常忽略甚至忘记在自己需要的时候应主动与其他角色互动并且整合他们的意见，以便于充分发挥自己的张力。这是缺乏价值领导的缘故。

学校中的价值领导指的是运用学校的核心价值观去引导和规范每一个师生及员工的个体价值观，使他们认同并践行学校的核心价值观，从而实现学校的共同愿景。这就要求"学校的核心价值观"应该有鲜明的校本烙印，应清晰好辨认。在推进学校任何一项工作时，都要贯彻同样的价值观。因为价值观代表了人们最基本的信念，是人们内心深处思维模式的一部分，是行为的源头。

解决方案

为此，我决定培养自身更多的耐心与谦逊，完善人际技能，去邀请与自己或与学校价值观一致的朋友，也就是去寻找那些价值互联者，点燃彼此的理想之光。我认为，将价值观"融入自己的一举一动"的过程，就是校长"引导和规范"每一个教职员工个体价值观，从而实现学校共同愿景的过程。在这个过程中，可采取的有效策略是分布式领导。

分布式领导指的是把领导职能分布在组织成员中，以调动每一个成员的积极性和智慧，从而能够完成不仅复杂而且特别注重过程的任务。在学校总愿景的引领下，把领导职能分布到各级行政岗位、教研组等教学研究岗位以及各类教师自发组成的有机团队。这意味着一所学校里有很多个思考中心。只有当学校里的每一个人都在专业智慧的基础上思考与实践，而非盲从或仅依据自己的经验行动，学校才能真正发展。

我校的学校愿景是：续写学校优秀文化，构建"全学习"理念下的以"学习者"为中心的、支持多样化学习的课程模式，变革学习方式，改善课堂教学生态，重塑教师职业生命，形成"全学习"的学校文化新生态。

学校在此愿景下实施分布式领导，倡导主题性研究与项目化研究方式，构建创新型组织文化，使每一位人员成为自觉的创新者，实施以价值观为基础的领导。学校提出"在行动中研究，用研究的成果来指导行动"的工作理念，成立"课程研究服务中心"，在课程建设上下功夫，加强实践与研究。成立"学术委员会"，帮助实践教师行动与反思，并负责鉴定教师的课程实践产品，进而形成校本、师本和学本课程研究成果，在一定范围内分享与传播。组建"项目化研究团队""课改志愿者共同体""名师工作室"等官方与民间相结合的改革团队，全面调动教师课改的积极性与主动性。加强校际学生会与年级学生会、学生助理与志愿者、学生团队与社团等各级学生组织的自主管理意识与能力，尊重学生的意见与建议，为学生民主参与学校治理创造条件。成立"学生代表委员会"并完善其制度与管理。

为了将学校的核心价值观渗透到每一个人的内心中，赢得大家的认同，我尽力做到多读书、多反思、多研究，从中摄取能够帮助自己决策和帮助他人的信息与知识，尤其是想通过自己的努力，使更多的人拥有相同或相似的价值观，做到互联互通，更好地完善各项育人的工作。

我每次面向全体教职工发言的时候，会认真整合所学知识，希望大家通过倾听契合组织环境以及所共同追寻的宗旨文化，一起来关注学校的规范与追求。注意邀请校外的价值互联者走进学校为大家作讲座，指导老师们的课程与教学。同时，汇聚学校中有道德权威的人带头示范与所要打造的文化相一致的行为。我也会把自己掌握的信息和资源介绍给老师们，邀请他们去探索尝试，但从不强迫他人。当个人有了项目，参与了一个工作坊或学习型组织，支持学校文化的价值就会产生互联。

当老师们主动找你申请一些项目或是你不经意发现了一些探索时，哪怕是很精微的课题，你都要大力支持，这是价值互联的萌芽，不可不重视。比如，在初一新生入校时，准备弄两个卡通娃娃来负责欢迎他们。当然，这两个卡通娃娃一个是女孩，代表女同学；一个是男孩，代表男同学。他们都需要有一个很有寓意的名字。于是我在学校微信群里发出征集令。学校地处密云区，归密云区教委领导，又是北京市育英学校的一个分校，需要传承总校的传统文化与办学理念，因此，有的老师说可以叫"密密"和"英英"，有的说可以叫"育育"和"英英"。这件事情，引起了门卫老师孙广江的兴趣，他经过几天的冥思苦想、查阅资料，最终发来了他的"命名"，并且带有很有意义的解读。

渔阳郡是密云地区最早的行政建制。男孩名字叫"渔飞阳"，出自庄子《逍遥游》："北冥有鱼，其名为鲲，鲲之大，不知其几千里也。化而为鸟，其名为鹏，鹏之背，不知其几千里也。怒而飞，其翼若垂天之云。是鸟也，海运则将徙于南冥，南冥者，天池也。"

"有大鱼鲲，升华成大鸟鹏。怒而飞，怒通努，奋力飞举，天空飞扬。"借助谐音，取名"渔飞阳"，"阳"象征着具有阳光大气的育英学子，他们是"早晨八九点钟的太阳"。

女孩名叫"渔英希"。育英是希有的红色子弟学校。精英希少育英有，育英会出现希有的精英。育英人不宣扬，默默地实现自身价值，育英让独有的"渔"尽早"飞阳"。

《道德经》语"希言自然"，意思是少发号施令也是符合自然的——以引导为主。"大音希声"，意思是动听的音乐来源于单声组合。最大的乐声反而听来无声响。好的结果是在无张扬中产生的。

我认真看了后，把孙老师请到办公室，又与他做了认真分析，交换了意见。我看得出孙老师很高兴，我认为他是因为为学校所做的一份贡献而兴奋吧！他走后，我在微信群里写了这么一段话："谢谢您的大作，决定采用。男孩，渔飞阳；女孩，渔英希。"

的确，当学校里的每一个人都心系学校的发展，都有育人的情怀，都在潜心自己所学时，学校文化以及它的传统能不积极向上吗？能不健康延续吗？孙老师是一名古琴演奏爱好者，他每天都在负责着他的门卫工作，他每天都在研究着他的兴趣爱好，他每天都在盼望着学校的点滴进步！育英人，每个人都有担当，为了"成就每一个人"这一办学理念，他们都在奋斗的路上，信心百倍！这就是价值互联的意义与效应。

参考文献：

陈雨亭. 什么观念成为主导比什么人成为领导更重要［OL］. 中国教育新闻网·蒲公英评论网，2015-08-15.

做一个 "走班学习" 的校长有何好处

　　发现不少学校的校长会规定一些听自己老师课的举措，最常见的方式就是 "推门听课"，我想，这种方式的初衷不外乎这几种原因：一是检查。借听课检查教师的上课态度、教学常规的落实以及上课的效益。二是监督。校长不定期随时去听课，教师会提高警惕，在平时认真备课，以随时准备迎接校长的到来。三是任务。作为校长，需要走进教师的课堂听课，这是他的职业最重要的一项责任与义务，是校长修炼自身领导力的必然渠道。况且上级教委业务部门还会硬性规定校长的听课节数，为了完成任务也需要去听教师的课。

　　基于以上三种因素的听课不免带有功利的影子，更带有对自己老师的不信任与不尊重的嫌疑。这种听课方式会使校长们往往把注意力集中在教师身上，而不把注意力集中在学生身上。这种听课方式是校长以威胁性的方式来观察教师教和学生学的情况的一种方法，把听课作为评价教师的手段，这样会引起教师的反感，影响教师的教学自由与专业自由，破坏教师的工作主动性与积极性。在新课程理念下，需要改革校长的听课方法，而听课方法的改革，关键是听课目的与观念的转型与改进，要体现校长的职责，即找到教师们在帮助学生学习的过程中还需要什么。

著名当代教育家魏书生老师曾经有一个做法，就是每一个教室里面都放一张专门的听课桌。受此启发，我也在每个教室里放了一张桌子，当我去某一个教室听课时，我就坐在这张桌子后面的椅子上。

老师还没有进教室前，我会与学生做些交流，看看他们的作业、笔记等；有时就干脆静静地读会儿书、看篇文章，甚或写点东西；有时会陷入思考的境界，把学校的管理与班级的管理、教师的行为、学生的表现联系在一起。

等老师进入教室，我就专心致志地随着老师与学生的课堂进程进入观察、思考与学习之中，此时的我，感觉其乐无穷。

走进课堂的校长，要寻找教学实践及学习结果的可观察证据，该过程提供的数据及信息用于反思和对话，以及改善学生学习的环境。我称这样的听课为：课堂学习走访。

课堂学习走访是非评价性的，它将学校所持的教育理念以及相关计划，与发生在课堂中和学生身上的可观察变化联系起来，是校长进行教学管理、领导教学改革的基础，也是校长通过拉近管理者与课堂的距离，不断具备教学领导能力，进而促使学校产生真正变化的重要一步。

课堂学习走访可以把一节课一直听完，也可以只听5～15分钟，而且边走边看，把注意力集中在学生在学什么、做什么上。

在这个微妙的变化背后，是校长对有效教学的观念的转变。校长可以利用在课堂上获取的信息安排本校的教师专业发展计划，决定如何给各个教师提供教学支持。

校长可制订一个每天走访三节课的计划，可以走进同一年级的三个班，也可走进不同年级的三个班，还可在一个班连续听三个不同老师的课。

记住，不管什么方式的听课，都要注重搜集案例，并及时写出反思或随笔与教师交流对话，在教师群体中创设一个相互信任、互助学习的环境，倡导教师们自己也进行相互的教学观察，使大家对教学有一定的共识。

当然，要让课堂学习走访发挥作用还需要校长有耐心，能坚持，以平等的姿态与教师平等对话，真诚交流，虚心学习；不断接受最新的教育理念，掌握与非自身专业学科的要点，避免以偏概全。我喜欢以随笔的形式记录下来，坦诚地交给老师阅读，结果收到了意想不到的效果。

老师们都把我的随笔收藏起来，并表示很受感动。这种评课方式打破了以前讲课者与评课者对立的尴尬格局。校长处在与教师平等的位置上，真实地描述课堂上的学生与教师，发现问题，挖掘闪光点，写出感悟，并与教师交流，从而使教师自觉努力改进教学方法，加强学习研究，促进自己的专业发展。下面是我在走访后撰写的一篇随笔，希望大家喜欢。

我在三次课堂走访中都发现了一个令人深思的问题，即学生的举手问题。我分别展现三节课上学生的举手情况。

一节是低年级的数学课，一个学生从老师的第一个问题开始就积极地举手，并且举手时是倾斜着身子站起，很迫切的样子。课堂进行了15分钟，他举了8次手，但是他没有被老师点名发过言。

后面的语文课和数学课都是高年级的，是同一个班，我观察了同一个学生。语文课上，他举了6次手，没有被点到；数学课，虽然老师设计的提问比较多，但是可能有点难，他举了5次手，没有被老师点到。

所谓教育就是一个儿童生命个体在每一堂课、每一个教育事件、每一本书籍中汲取营养进而成长的过程。而在儿童成长的过程中，课堂是一个很重要的场所，在6—18岁，我们白天的大部分时间是在课堂上度过的。

而一堂堂这样的课就这样进行着，我们的孩子就这样一堂堂课地举手，一直举到对自己的水平有了怀疑而不愿意再举手为止。优秀的孩子可能越举越有自信心，因为有老师的表扬，同伴的羡慕；中等的呢，或许也敢举下去；可是，我们的后进学生呢，他们还有"力量"把手举起来吗？

这个案例让我震撼。如果教师眼里已经忘了我们的教材，心中只有我们的学生，那老师在课堂上就会真正关注到每一个学生，从学生每一个细微的表情、闪烁的眼神中敏锐地捕捉到每一个孩子当下的状态，真正关怀每一个学生。

学校教学改进如何实现健康进化

常常参与不同地区学校的听课调研活动，有一年我又到几所学校听了几节课，观阅了几所学校的教学改革方案，从中发现的课堂中的现象与问题，依旧是多年前的老样子。我所在学校的课堂教学，同样存在这样的现象与问题，即使有新理念的熏染或有学校强力推行的创新行动，也感觉只是暂时的包装，不过是在所谓的公开课、示范课、研究课等课堂上展示而已，常态课基本上是上着上着就回到了老地方，回到过去习惯了的传统课堂形态。

学生仍然被教着，被学习着，教师仍然在事先准备好的固定程序下运行着教学，复习—导入—新授—练习—小结，最后无疑是布置课下作业，一套持续了几十年的教学模式为什么有如此生命力？

过去是一支粉笔、一块黑板、一张嘴，可现在信息技术如此发达，电子白板、云技术、微信息、声光电等各种学习工具应有尽有，学习资源、课程资源异常丰富，信手拈来，但是那种"重教轻学"的教学传统却依然盛行。

我曾经与不少老师交流过，他们大都明白这些道理，也都想改变这种课堂教学的现状，但是他们都说不敢。学校不提倡，我们不敢改变；用学生成绩来评价我们的工作业绩，我们不想改变；面对过多的教学内容与繁杂的教育任务，我们不能改变；学校缺少明白人的专业指导和引领，我们不会改变。

浙江省教研室张丰老师曾如此分析我们传统的课堂：我们的课堂是一种"接力问答式"的课堂，老师借问答的形式将学习内容一点点地引发、展开、呈现出来。学生实现学习的主要方式是"听中思考"与"听中接受"。这种师生"接力式"的对答，只不过让教室的空气中"弥散"着"学习的元素"而已，而教室中，学习是否真正发生？学生中，到底有几成在学习？表面上，学习内容在课堂上都出现过了，但孩子们是否理解，是否接受，还有很大的变数。于是，心存顾虑的老师便把课后练习当作重要的安慰性的手段。以讲代教，以听代学，以练补学成为当前课堂活动的一大特点。

新课程改革以来，不少学校先后实践尝试了符合学情、学科特点和教育规律的学习理念，如"先学后教、少教多学、生本课堂、以学习者为中心的课堂"等等，也在努力倡导"自主、合作、探究、体验、对话"的学习方式，但是，从整个基础教育的现状看，这些先进的学习理念真正落实好并不容易。到底是什么原因导致教师教和学生学的方式转变如此缓慢、如此艰难？

自上而下行政式的课改有一定作用，但缺少生命力，因为它容易破坏和污染学校的传统文化，容易让功利的东西复活。真正的课改应该是唤起教师的文化自觉，营造一种自下而上的改革创新的自然环境。

解决方案

在2020年寒假开学延期宅家期间，我第二次认真阅读了《教学勇气——漫步教师心灵》一书，第七章"不再分离——心怀希望教学"让我眼前一亮，回想三年来领导教师进行教学改进行动所走过的路程、所经历的事件，正好契合其理性分析。下文不对如何改变传统的教学方式的具体内容做陈述，只是借助书中的观点，梳理一下行动的心路，希望给大家以启示。

一、个体做出变革的决定，为自己寻找制度之外的生活中心

当决定进行教学改进行动时，是我来学校的第二个学期。我有一个感觉，好像整个地区的学校的教学管理模式都是极其相似的，大家活跃的思想、个性化的追求受到一些条件的限制，如怎样备课、用什么工具、如何评价等必须在同一标准要求下执行，且好像有一个强有力的屏障，使得其他人员比如新来校长、外地专家等的意见与观念很难渗透进去。其实，教师的内心生活与其行动已经展现出不和谐。

这就需要为老师们的生活寻找新的中心，但是，不能让老师们感觉脱离了他们依赖很久且不得不依赖的体制。更重要的是，不能让老师们因为学校看似另类的变化使其受到体制内的惩罚。"帮助他们找到自身存在的根基，以便更好地抵制体制组织的价值变成他的内在生命景观时所发生的扭曲。感觉到外部加诸的惩罚绝不会比加诸自己、自我贬低的惩罚更为深重。"

为此，我悄悄地采取了三方面的措施：一是在取消原先长期实行的管理办法以及依靠的工具时，如取消原先的备课方式、不再使用全区统一的导学案等，及时跟上新的教学设计理念与模型，研究出品新的课堂教学评估标准、常规课堂建议、日常管理运行新流程等；二是主动与上级体制业务部门领导和专管人员解释学校行动的背景、原因、内涵、做法、意义，争取赢得理解与支持，极力说服业务主管部门在一些视导、评估、比赛等活动中与学校的说法、理念、模式等达成基本一致，免得产生误解，让老师们不知到底听从谁的指挥，尤其是避免老师们在参加全区活动中吃亏；三是邀请与学校教学改进行动理念一致的名师专家走进学校，与老师们一起备课、上课、教研，让老师们感觉自己学校的这种行为方向没有错，感觉到自己的不足，从而产生改进的勇气与动力。在不同的关于教学方面的会议上，校长要亲自解读教学改进的意义与实际操作策略，及时发现问题，引导教师科学行动。

二、个体彼此发现对方，形成志同道合的共同体

把部分老师启动起来进行变革改进行动，作为先行者，肯定会有与多数他人不同的表现，如果学校不创设互相肯定的基础，这些先行者会感觉孤独与紧张，甚至是恐惧。这就需要营造氛围，鼓励一些志同道合者形成共同体，因为共同体有一个功能，"它可以帮助人们发展能够代表变革运动愿景的语言，并赋予其力量，使它能够在杂乱无章的公共领域中生存、繁荣"。

比如，我在育英学校密云分校首先倡导启动的共同体，吸纳的是那些比较活跃的青年教师，他们大多工作十年左右，乐意承担教学改进行动。大家都比较积极，很快有 26 人自愿报名参加，共同体命名为"青年教师成长协会"，他们自己设计了会标，一棵树上长着 26 片叶子，预示着由 26 人发起，一起学习、实践、对话，共同进行教学变革活动。一学期后，为了唤起年龄较大老师的行动积极性，吸引部分老教师加入改进团队，又形成了"教师领袖成长俱乐部"。伴随着刚毕业新教师团队的融入，形成了"未来教师成长联盟"。随着参与变革行动队伍的扩大，加强了教研组文化建设，让自觉教研成为可能；设立了多个"名师工作室"，为更多的人搭建共同体平台。

有一种现象，致力于变革运动的人们在远方的朋友通常比在本地的多。于是，由学校出面，缔结了本地兄弟学校和重庆、山东、河南、辽宁、湖南等地的友好学校，把这些学校中热心改进者吸纳进学校的变革队伍，互相学习，共同研究。这些教师要么在线上互动，要么亲自前往对方学校切磋教学技艺，大家彼此鼓舞，树立信心。

三、共同体开始走向公众，在活动过程中接受检验

当教学改进从个人行动发展成共同体行动，呈现持续改进的样态时，需要让这些个人以共同体的形式走向公众。这样，"不但可以实现有机会用自己的价值观影响他者，同时也面临挑战，被迫在其中检验和修正

其价值"。

比如，每学期我会带领老师深入兄弟学校，给他们上示范课、与其进行同课异构、举办论坛讲座；推介老师参加各级教学比赛，在一些培训会上作交流发言；组织区级以上的成果推介会，推荐教师论文发表，邀请媒体对学校改革经验进行宣传报道等。为此，我还专门成立了一个工作室，致力于走向大众的事业，鼓励教师参与到名师工作室、青蓝工程、骨干教师培训等各级各类平台的公共学习中，为教师提供走向公众、找到成长的绿洲、实现自我更新持续发展的途径。更重要的是，让教师或学校通过接受公众与他人的检验，在自身经历考验的基础上，敦促自己对历程的反思，从而及时调整自己的步伐与目标，巩固和强化改进行动之初所提出的愿景与使命。

四、以支持变革的远见，构建新的奖赏激励系统

以上三个阶段，往往可能让学校或教师超越于体制组织逻辑下的成长模式，甚至会出现有些教师跳出体制的束缚，重新构建一个新的生活中心。这就需要学校构建一个全新的奖励机制，此时，物质奖励或行政奖励变得不再是唯一的奖励渠道，精神奖励的作用会慢慢变得强大起来。

"第一阶段，精神奖励是每个人都可以更好地认识自己的身份；第二阶段，精神奖励是不断从志同道合的共同体的人们中获得联系和支持；第三阶段，精神奖励是过一种更为广阔的公共生活。"最后一个阶段，精神奖励会与物质奖励巧妙地融为一体，和谐运行。最终，会出现一种状况："提供的不同的奖赏都是同一个实质性奖赏的反映，人们认识到，任何人所提供的奖赏都比不上他们自己按照自己的本真生活所获得的内在奖赏。机构组织已不是掌控禁锢着人们心灵的枷锁，人们明白了，人并不是仅仅依靠物质而活着，还有对精神奖赏的渴望。"

教学改进行动运行的这四个阶段使我们明白，既要关心教师的学科与工作，又要关注教师的内部环境和外部环境。作为想下定决心致力于纯粹生活的教师，"会把自己的行动与工作的意义相联系，他会去寻找那些

志同道合者，加入那些支撑改革的共同体，有人会带着自己的信念走向公众，说出自己的想法并接受回应的挑战，他会认识到传统奖赏的黯然失色，因为他感受到光明目标下的生活的深深满足"。

作为一名校长，利用好学校这一平台，为老师创设这种积极的文化氛围，主动引领他们走上这一改进行动的循环之旅即可。如此坚持下去，教学里那些难以改变的观念和行为会慢慢得到改善，所进行的变革也不会浅尝辄止、半途而废，甚至是失败。

参考文献：

帕克·帕尔默. 教学勇气 [M]. 吴国珍，等，译. 上海：华东师范大学出版社，2005.

如何优化变革过程避免走向失败

问题发现

现在中小学校里有一种奇怪的现象：变革者往往欲求美好的结果或是成果，一开始变革就期待外人的高度赞扬与奖赏，过度关注最后的结果而忽略了艰难的过程，甚至不等一项变革开始走向美好局面时，就开始新的变革，或者当变革遇到挫折失败时就匆匆放弃，重新寻求新的变革之路。并且在变革的过程中，要么听从上级业务部门现成政策文件的指导，要么外出学习一些改革优秀学校的经验，却忽略了学校发展历程中自身的历史因素与文化逻辑，缺乏耐心进行专业阅读与研究，未能团结本校的优秀教师一起进行探索实践，不断地寻找问题与积累成功经验，打磨自己学校的变革过程、精神与成果。

问题分析

变革的本质是一种过程，是一种需要不断完善的过程，它需要坚守，它需要勇敢地面对失败，因为知道自己失败了，才知道自己该往哪里走、该怎么走。变革的结果就像一棵百年参天大树一样，需用长期的努力与积淀。有了这种思想，我们才会把精力放到对变革本身变化的研究上，而不是只盯着变革结果。

一所学校的发展史，应该是一个不断变革的历史，学校应该有不断变革的文化自觉，这是一所学校基业长青的生命力量，是化解当前应试教育造成的各种教育问题的必由之路。不能总是听命于他人或效仿于他人，要在自己真实的实践中寻求自己的校本方案。就拿扫地来说，谁来扫地、扫哪里的地、什么时间扫地、用什么工具扫地、扫地的态度怎样、扫地的标准如何、扫地能不能扫出一种精神等，这些命题虽小却有信念与智慧在里面，对于学校来说就需要依据平时扫地中发现的问题和搜集的信息进行不断的调整，该坚持的就坚持，该修正的就修正，这就是在不断地变革。

解决方案

说得严肃一些，如果把变革看成是一种事件或是一种结果，不注重敬畏或解决过程的艰难与复杂，是注定要失败的，变革的发生需要时间，并且随着时间的推移而发展。为了避免学校的变革陷入失败境地，我校做了如下五件事情。

一是通过多种多样的激励措施，努力让更多受到变革影响的人参与进来。

刚开始推行变革时，我们邀请了市区（县）学科专家走进每一名教师的课堂，进行观课议课，目的是鼓励每一名参与变革的教师能够认同这项变革，自觉尝试这项变革，没有教师愿意参与，变革便会自行消亡。我深知，一刀切式的推行办法最终也会埋葬变革的进程。我鼓励一些志同道合者组建了一些学习型共同体，如课堂改革研究者共同体、自主成长志愿者共同体、网络学习型共同体等。这样，在一个共同体当中大家一起研究尝试变革，分享经验与教训，实际上互相都在给予勇气，在互相聊天的氛围中推动改革的进程。还与其他兄弟学校建立了发展共同体，老师们可以采用互访的方式，展示自己的变革成果，这些教师在展示学习中获得了信心，不断优化了自己的变革策略与资源。

二是向相关人士寻求对变革的理解，解释变革的影响。

积极主动与上级教育行政领导以及各级教育业务专家介绍变革的本质与实际操作效果，赢得大家的理解与支持。邀请领导和专家深入学校和课堂，与老师互动交流，在赢得指导的同时，也扩大了变革的影响力。积极参加各级培训部门和教育行政部门组织的教育研讨会、论坛沙龙等活动，寻找解释推介变革成果的机会。主动与各媒体记者编辑联系，邀请他们走进学校采访，宣传报道变革进展；积极鼓励教师就变革故事、经验进行梳理总结，撰写文章与案例，大胆往相关报刊投稿，教师自己的成果得以推介的同时，也宣传了学校的变革。

三是花费时间和财力进行专业培训，确保教师掌握执行变革所需要的正确知识和技能。

学校紧紧围绕变革内容，创新校本教研方式，大力提倡教师读书，开展变革论坛、课例研究、论文比赛、专家名师报告会等活动。让老师走出学校到外地取经，参加各种培训和研讨会，甚至派遣变革积极分子到一些名校挂职学习。为老师寻找教育专家和名师作为导师，寻找兄弟学校的变革先进教师作为发展伙伴。

四是构建有利于变革的认同性文化，设定切实可行的执行目标。

每年寒暑假，都举行大型会议，发表热情洋溢的有关变革的讲话，梳理一段时间变革的成果与经验，设定一学期变革的执行目标，不断把变革推向新的高潮。在变革关键性事件发生时，也会及时组织一些专题性会议，及时总结经验教训，调整思路，修正策略，努力把变革引向正确的方向。组织一些比较庄严的仪式活动，让优秀教师上台展示自己的经验，为小有成就的老师召开教学思想探讨会，评选宣传变革创新人才。不断为老师设计成功路线，在变革的路上相互扶持，让参与变革的老师不断产生力量，尽量舒缓因变革困难和风险所带来的恐惧感。

五是运用评估程序，跟准关键性的变革事件。

学校根据变革关键性事件（包括成功与失误的事件）和内容，制定切实可行的评估方案和运行制度，对相关的文本材料和现场活动都会进行细致严格的检查与评价，及时跟进专业指导。学校还注重组织相关人员，通过各种方式，如访谈、问卷调查、对话等，收集变革数据与信息，及时进行反馈，促动关键性事件的及时调整和高效运转。

《学校有效领导的124个行动策略》一书中，描述了变革中领导者的行为表现，令我身同感受。作为一名领导变革者，在变革的过程中，需要去积极吸引相关者参与变革，用系统化的思考去推动变革，设置整个组织的共同的、令人信服的愿景；需要想办法不断调动变革的紧张感，经常抽时间组织反思，收集数据，进行思维重组；需要加强自身的学习，有意识地管理自己的能力，逐步建立最少等级的组织管理结构，善于给每个级别的人授权，设定最基本的运行规则；需要定期扫描内外环境，确定内外环境的变化，不断确认保持不变的事物和改善发生变化的事物，逐步指向变革的关键事件与要素；需要为变革者提供适当的资源，重视持续的进步，设定成功的标准，认可他人的成就，提升教师的工作灵活性；需要建立工作程序，制定运行机制，不断强化落实的有效性，评估反馈变革的结果，及时制订相应的计划。

其实，上述描述可以说是一所学校变革的发起、实施、完善与制度化的过程。这说明变革领导者在关注变革的过程，学校正在发生变革，这才是真正意义上的变革。因此，作为变革学校中的一员，应该积极理解并支持自己的变革领导者，自觉努力成为变革过程的排头兵，因为在这种关注变革过程的学校环境里，变革者容易抓住成功的机会，会赢得快速的发展。

参考文献：

凯瑟尔，等. 学校有效领导的 124 个行动策略 [M]. 李欣，译. 北京：中国轻工业出版社，2010.

　　因回了趟山东老家，按疫情的管控要求，我和爱人于3月7日开始在家隔离观察14天。社区工作人员非常周到地为我们服务，把我们日常需要的物品送到我们手中，每天的垃圾及时帮我们清走。我们每天非常配合他们的工作，健康打卡、报体温，做到了14天足不出户。

　　2018年，卢凤保老师看到我每周一次在简书中发布的"校园微生活"系列文章，感觉有点意思，希望我有机会整理一下结集出版。我答应了，便默默地准备，一晃两年过去了。之所以迟迟没有完成任务，不是因为太忙抽不出时间，而是心生疑虑，自己的这些"微创新"真的会有价值吗？更重要的是，这些行为经得起实践的检验吗？

　　约定，我是比较信仰的，朋友的信任时常给我意想不到的力量。这次隔离，给了我机会把思绪推移到2016年7月8日，那是我来北京市育英学校密云分校的第一天，一幕幕的情景如过电影一般在脑海中重现。我安静地坐在书桌旁，敲打着键盘：问题发现、问题分析、解决方案；学生发展、教师成长、课程教学、学校空间、关怀管理。文字如水般流淌，文章一篇篇成形，情感也更加丰富。喜悦于自己这三年多的收获，感恩与我相遇的所有人：我的家人、北京市育英学校的领导与老师、密云区教委的领导与专家、育英密云分校所有的师生员工……感谢曲阜师范大学王曰美教授为本书作序，山东省淄博市张桂玲老师为每章撰写导语。还有来自全国各地的朋友们，都给了我无私的帮助与支持。

在撰写每一篇文章时，我十分虔诚地学习了很多专家的研究成果，参考了很多论著中作者的观点，我都尽量标注了参考文献与出处，但因自己的粗心大意可能还会有疏漏或不准确的地方，在此我一并表示感激，并请求谅解。让我感到无比兴奋的是，各位专家的辛勤付出与研究成果，给了我很多启发，让我有了做好自己学校实践工作的灵感与理论依据，更容易转化为现实的方案和行动指南，能够有效解决问题。我觉得我很幸运，遇到了这么多善良的人，阅读到、聆听到了这么多的思想。

我天生就是个善于做小事的人，无论在哪所学校任职，我都会谨小慎微地去观察与体会那些细枝末节的事物，因为我们的工作对象是活生生的人，尤其是儿童或青少年，我们不能轻易决策、率性而为，否则，会犯下错误，戕害他们的身心。

十几年做校长的经历让我明白，办一所学校可以有多种途径来推动工作，可以靠宏大的理念先导，可以靠高端的技术撬动，可以靠先进模式的强力推进，还可以靠执行上级标准、效仿他人现成的经验，但是我认为，学校是一个存在生命规律的生态系统，不同起点与环境下的学校，其治理理念、逻辑是不一样的。学校需要潜下心来，尊重每一个人生命成长的可能性，并着眼未来，从小处着手，运用"微创新"领导力，开启每一个人生命前行的阀门，撬动学校管理固化的坚冰，慢慢改善学校教育新生态，改良学校的各种生产关系，从而全面提升教育生产力。

就像老子说的那样："天下难事，必作于易；天下大事，必作于细。"起点不能高不可攀，否则，非但不能达到预期的目标，反而会无功而果。不妨始于"易"和"细"，遵守成长规律，循序渐进，最终实现"成就每一个人"的目标。

校长之智慧源于教育生活，源于对教育对象的观察与思考。一个细小的设计，一个偶然的举措，都会引发教育观念的改变，折射出校长的领导力。可以说，一个好的行为设计，对师生的辐射影响更大，会在有形与无形中开出新的灿烂的花朵。

夜深了，今天正好是隔离的最后一天，在满满的收获之中，终于完成了书稿。我想起了黎巴嫩作家纪伯伦的一则小诗：如果有一天，你不再寻找爱情，只是去爱；你不再渴望成功，只是去做；你不再追求空泛的成长，只是开始修养自己的性情——你的人生，才真正开始！

也许，这本微不足道的论著还可以见证其中的描述呢！

我的那些"校园微生活"，仍会继续连载……我也会注意绝不陷入自己所熟悉的"微世界"，而是试图用他人能够接纳的方式进行表达。表达的过程，便是走出自我，期待着别人的理解和接纳的过程。

我相信细节的力量，它会指引着我，向着那迷人的远方，那里是教育的"桃花源"，是教育真理的殿堂！

李志欣

2020 年 3 月 21 日晚

于北京密云阳光水岸小区